Alfred Läpple

Große Illustrierte Geschichte der Päpste

Alfred Läpple

Große Illustrierte Geschichte der Päpste

Von Petrus bis heute

Pattloch

Bildnachweis
Alinari, Florenz: 51. Berliner Illustrierte: 163, 167 H. Don Bosco Verlag, München: 12, 160; Kösel Verlag, München: 61; Süddeutscher Verlag, München: 156, 168; Ullstein, Berlin: 17; Universitätsbibliothek, Jena: 82; Westdeutscher Verlag, Köln und Opladen: 18.
Alle übrigen Fotos: Ulrich Grasberger (München), Günther Baumann (München), Pia Società S. Paolo (Mailand) und Verlagsarchiv.

1985

Graphische Gesamtgestaltung: Hans Numberger
Lithos: Osiris, Graphische Kunstanstalt, München
Druck und Buchbinderische Verarbeitung: Parzeller, Fulda
ISBN: 3-557-91333-3

Inhalt

Das christliche Altertum

1.–6. Jahrhundert

1. Von Jerusalem nach Rom 9

2. Petrus in Rom 16

3. Leitungsinstanz der römischen Bischöfe 24

4. Römische Bischöfe am Beginn des konstantinischen Zeitalters 30

5. Päpste im Ausgang des christlichen Altertums 39

Das christlich – abendländische Mittelalter

7.–15. Jahrhundert

6. Päpste unter der Kirchendespotie byzantinischer Kaiser 49

7. Kirchenpolitische Neuorientierung der Päpste 55

8. Das dunkle Säkulum der Papstgeschichte 64

9. Deutsche Päpste des 10./11. Jahrhunderts 70

10. Aufstieg und Macht der Cäsaren-Päpste 77

11. Päpste in Avignon 93

12. Die Tragödie des abendländischen Papstschismas 99

Die Neuzeit

16. — 20. Jahrhundert

13. Päpste im Zeitalter der Glaubens- und Kirchenkrise 112

14. Das Papsttum in neuen Weltdimensionen 133

15. Das Papsttum in der politisch-theologischen Neuorientierung des 19. Jahrhunderts 148

16. Päpste im 20. Jahrhundert 161

Alphabetische Liste der Päpste 178

Das christliche Altertum

1.–6. Jahrhundert

Vollmachtsübergabe an den Apostel Petrus durch Jesus: »Ich will dir die Schlüssel des Himmelreiches geben« (Mt 16,19): Detail eines Marmorreliefs, das am Altar, den Papst Sixtus IV. 1479 über der Confessio des Petrusgrabes in Rom errichten ließ, angebracht wurde.

1. Von Jerusalem nach Rom

»Geht zu allen Völkern und macht alle Menschen zu meinen Jüngern, tauft sie auf den Namen des Vaters und des Sohnes und des Heiligen Geistes und lehrt sie, alles zu befolgen, was ich euch geboten habe«.
(Mt 28, 19–20)

Jede Papstgeschichte muß die Frage beantworten, wie und warum das Führungszentrum der Kirche nach Rom gekommen ist, nachdem doch der Stifter des neutestamentlichen Gottesvolkes, Jesus von Nazaret, in Palästina lebte und wirkte und auch die ersten Christengemeinden sich ebenfalls in Palästina gebildet hatten. Warum ist nicht Jerusalem, der Sitz der wichtigen Urgemeinde, heute Sitz des Papstes?

Leben und Kirchenstiftung Jesu liegen in einem geschichtlich klar faßbaren und nachprüfbaren Koordinatenfeld. Der Apostel Paulus hat von der »Fülle der Zeit« (Gal 4,4) gesprochen und damit das Leben Jesu als Erfüllungsereignis einer Vielzahl messianischer Weissagungen gesehen und gedeutet, die im Alten Testament aufgezeichnet sind. Leben und Wirken, Kreuzigung und Auferstehung Jesu bilden gleichsam den Ziel- und Einlösungspunkt dieser alttestamentlichen Zukunftsverheißungen.

»Fülle der Zeit« (Gal 4,4) meint aber darüber hinaus auch eine ganz bestimmte politische Situation, in der sich das Leben und Wirken Jesu vollzogen haben, sich so und nicht anders vollzogen haben. Gerade diese politische Situation schimmert durch alle Texte des Neuen Testaments kräftig hindurch. Sie hat – was meist zu wenig beachtet wird – auch den Weg der christlichen Botschaft, die institutionelle Ausgestaltung der Kirche, die begriffliche Ausformulierung der christlichen Glaubenswahrheiten (Dogmen), die Ausdrucksformen und Akzentuierungen der Theologie, der Liturgie, der Frömmigkeit und Kunst so entscheidend und bis zum heutigen Tag weiterwirkend mitgeprägt, daß bereits am Beginn einer Papstgeschichte wie mit Großbuchstaben und im Fettdruck davon gesprochen werden muß. Viele Probleme im Laufe der Kirchengeschichte und gerade auch des 20. Jahrhunderts haben mit der politischen Anfangssituation des Christentums und ihren Konsequenzen entscheidend zu tun. Sie können nur dann verstanden, aufgearbeitet und weiterbuchstabiert werden, wenn die besondere Situation des Anfangs gekannt und beachtet wird.

Der Westtrend der christlichen Mission

Es ist Tatsache der Geschichte: Die christliche Bewegung hat sich von ihrem Ursprungsland Palästina aus in westlicher Richtung, also über Kleinasien und Griechenland nach Italien

Kaiser Caius Octavius Augustus (30 v. – 14 n. Chr.): Kaisermünze mit Lorbeerkranz und Bandschleife.

(und nach Europa) vollzogen. Darin ist auch ein Grund zu erkennen, warum Rom, letzter Bischofssitz des Apostels Petrus, heute Sitz des Papstes als Petrusnachfolger ist. Von Palästina aus hätten die Missionswege der Apostel durchaus auch nach Süden über Ägypten in den afrikanischen Kontinent gehen können. Es gäbe dann vielleicht einen (schwarzen) Papst als Petrusnachfolger in einer afrikanischen Stadt. Aber auch eine andere Alternative wäre denkbar, daß nämlich in östlicher Richtung (wie es die legendäre Überlieferung für den Apostel Thomas aussagt) Petrus und die christlichen Glaubensboten gezogen und über Indien nach China und Japan gekommen wären. Dann gäbe es vielleicht heute einen (indischen, chinesischen oder japanischen) Papst in einer fernöstlichen Hauptstadt.

Jedem Leser des Neuen Testaments ist bekannt, daß Jesus während der Regierungszeit des römischen Kaisers Augustus (30 v. – 14 n. Chr.) in Betlehem geboren wurde (Lk 2,1 – 7). Damals war Palästina römisches Besatzungsgebiet, das im Jahr 63 v. Chr. der römische Feldherr Pompejus erobert und unter römische Oberhoheit gebracht hatte. Römische Soldaten und Hauptleute wie auch Pontius Pilatus als römischer Kaiserstellvertreter (26 – 36 n. Chr.), der über Jesus von Nazaret das Todesurteil gefällt hat, gehören neben den jüdischen Mitbürgern zu den selbstverständlichen Gestalten der vier Evangelien.

Palästina war eingegliedert in das Römische Reich. Politik und Rechtssprechung des palästinensischen Besatzungsgebiets waren romorientiert. Palästina blickte (wenn auch von den national gesinnten Juden nur mit Widerwillen) nach dem Westen, nach der Reichshauptstadt Rom. Das Römische Reich mit einer einheitlichen Organisation, mit seinen ausgezeichneten Verkehrsmöglichkeiten und nicht zuletzt wegen der fast überall gesprochenen und verstandenen griechischen Sprache (übrigens die Originalsprache des Neuen Testaments) bot sich als idealer Großraum für die Ausbreitung und Verkündigung der christlichen Botschaft an. Überprüft man die umfangreichen Reisen des Apostels Paulus, der selbst römischer Staatsbürger war (Apg 22,23), dann entdeckt man, daß er fast durchwegs die Militär- und Poststraßen des Römischen Reiches benützte. Als typischer Großstadtseelsorger hat er in Großstädten wie Antiochien, Philippi, Athen, Korinth, Ephesus oder Rom gewirkt.

»Fülle der Zeit« (Gal 4,4) war in der damaligen politischen Realität das Römische Reich, dessen Grenzen als »die Grenzen der Erde« (Apg 1,8) angesehen wurden. Soweit man geschichtliche Faktoren (die durchaus in die Pläne der göttlichen Vorsehung einbezogen waren) feststellen kann, hat die Eingliederung Palästinas, der Heimat Jesu, in das Römische Reich entscheidend die Westrichtung der christlichen Mission bewirkt und gefördert. Rom, die Hauptstadt des Römischen Reiches, wurde als Stätte des letzten Wirkens und des Märtyrertodes des Apostels Petrus der Bischofssitz der Petrusnachfolger und damit Leitungs- und Führungszentrum der Kirche.

Nur kurz kann die Frage bedacht werden, wie ganz anders die christliche Botschaft wie auch die Organisation der Kirche, die Sprachgestalt der Glaubenswahrheiten (Dogmen) und der Theologie, die Formen der Liturgie und Kunst sich entfaltet hätten, hätte das Christentum nicht in der Westrichtung, sondern etwa in der südlich-afrikanischen oder in der fernöstlichen Richtung die Bühne der Weltgeschichte betreten und in Afrika oder im Fernen Osten ihr Glaubenszentrum errichtet. Vielleicht beginnt erst heute die Stunde der

Kaiser Augustus: Sogenannte Panzerstatue (gefunden 1863). Vatikanische Museen, Rom.

universalen Kirche, in der das europäisch gestaltete und akzentuierte Christentum sich nicht mehr als die einzig mögliche Ausgestaltung der Christusbotschaft und der Christusstiftung versteht, sondern als eine von vielen Möglichkeiten. Katholizität ist erst dann Wirklichkeit, wenn sie sich als legitime Pluralität der Theologien, Liturgien, Frömmigkeitsformen und Kunstrichtungen in brüderlicher Selbstverständlichkeit und Mitverantwortung für die Christuswahrheit versteht.

Noch immer ist die Kirche unterwegs »zu allen Völkern« (Mt 28,19). Aber auch die Sprachen und Kulturen der Völker sind unterwegs um ihr legitimes Recht der Einkörperung und Inkulturation der Christusbotschaft mutig und selbstbewußt zu verwirklichen und um die eine Gotteswahrheit in das Vokabular und Brauchtum ihrer Völker einzubringen.

Der Weg der Kirche von Jerusalem nach Rom mit seinen vielfältigen Konsequenzen im Laufe der bisherigen Geschichte war gewiß durch die politische Anfangssituation (letztlich durch die Fügung Gottes) so und nicht anders bedingt. »Rom«, jetzt nicht verstanden als Stadt, sondern als Zentrum des christlichen Glaubens und der Petrusnachfolger, hat – heute und noch mehr in der Zukunft – sich der Herausforderung zu stellen, Christentum nicht nur in der europäischen Verpackung und Organisation zu leben und gelten zu lassen, sondern mit allen Kräften mitzuhelfen, daß die Christusbotschaft in einem pfingstlichen Aufbruch der Sprachen und Kulturen aller Völker zum existentiellen Ereignis und zum engagierenden Neuheitserlebnis werden kann.

Probleme der christlichen Westorientierung

Die christlichen Missionare stießen bei ihrem Wirken in einen hochbrisanten Raum vor, in dem unterschiedliche Geistesströmungen ebenfalls um ihre Profilierung und Ausbreitung kämpften. Das Wachstum des Römischen Rei-

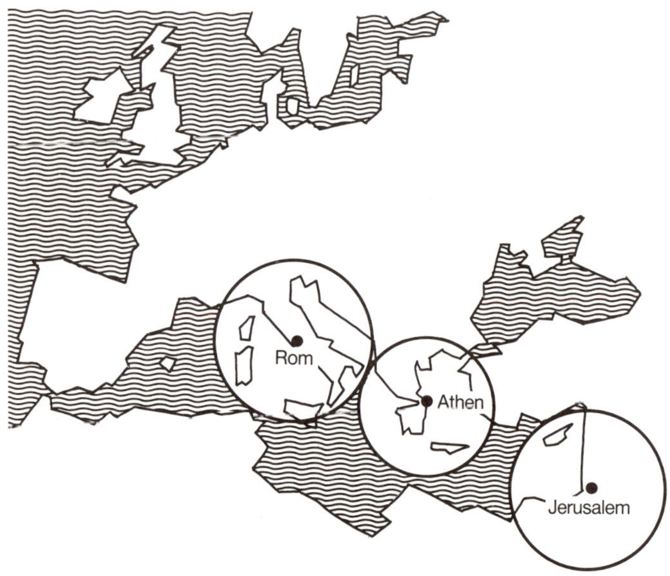

ches hatte zu einer ungeahnten Kenntnis und Begegnung mit unterschiedlichen philosophischen und religiösen Richtungen geführt. Die meisten dieser vielfach gut organisierten und geschickt missionierenden Geistesmächte befanden sich bereits auf Propagandafeldzügen und kämpften erbittert um ihre Eigenständigkeit, um ihre öffentliche Anerkennung und Mitgliederwerbung. Andere wiederum vermischten und ergänzten sich untereinander, so daß Mischreligionen sich bildeten, die nicht selten beim einfachen Volk auf Verständnis stießen.

Das junge Christentum hatte sich vor allem mit drei Grundströmungen und Problemkreisen auseinanderzusetzen:

■ *Die jüdisch-religiöse Auseinandersetzung*

Bereits in Palästina wurden die urchristlichen Gemeinden gezwungen, sich mit dem Judentum, vornehmlich mit den jüdischen Ritual- und Speisegesetzen (u.a. Beschneidung, Einhaltung des Sabbat, Verbot ds Schweinefleisches) und der pharisäischen Leistungsfrömmigkeit auseinanderzusetzen. Es war vor allem der Apostel Paulus, der nach den Berichten der Apostelgeschichte (Apg 15,1 – 35; vgl. Gal 2,11 – 21 und das theologische Amliegen des ganzen Römerbriefes) die Eigenständigkeit der christlichen Botschaft gegenüber dem Judentum unerbittlich verfochten hat: »Käme die Rechtfertigung durch das Gesetz, dann wäre Christus umsonst gestorben« (Gal 2,21).

Steinkonsole mit der Gestalt des Apostels Petrus (15. Jahrhundert) im großen Audienzsaal des Vatikans.

Platon (427 – 347 v. Chr.), griechischer Philosoph – Schüler des Sokrates (469 – 399 v. Chr.) und Lehrer des Aristoteles (384 – 322 v. Chr.).

■ *Die griechisch-philosophische Auseinandersetzung*

Mit ganz anderen Denkschwierigkeiten und philosophischen Blockierungen hatte sich das Christentum bei der Begegnung mit der griechischen Philosophie zu befassen. Neben einer Vielzahl von Erlösungs- und Mysterienreligionen, die einen großen Zulauf hatten, gab es vor allem in der intellektuellen Oberschicht eine abwertende Einstellung zur Materie. Die damals in philosophischen Kreisen weit verbreitete Leibfeindlichkeit spricht sich im Wort eines griechischen Philosophen aus: »Als Philosoph schäme ich mich, einen Leib zu haben«. Wer das höchste Ideal in materiefreien Ideen bzw. im platonischen Ideenhimmel erblickt, wie es der griechische Philosoph Platon und seine Schüler vertreten haben, kann im Christentum, das die Fleischwerdung des Gottessohnes (Joh 1,14) und die Auferstehung Jesu mit einem verklärten Leib verkündet, nur eine primitive Plebejerreligion sehen.

Es ist bezeichnend, was die Apostelgeschichte berichtet, als der Apostel Paulus zu den Bürgern der Stadt Athen von der Auferstehung der Toten zu sprechen versuchte: »Als sie von der Auferstehung der Toten hörten, spotteten die einen; die anderen sagten: Darüber wollen wir dich ein andermal hören. So ging Paulus aus ihrer Mitte hinweg« (Apg 17,32 – 33). Mit seinen Zentralaussagen – Schöpfung, Erlösung durch den menschgewordenen, gekreuzigten und auferstandenen Sohn Gottes, Auferstehung der Toten, neuer Himmel und neue Erde – mußte das Christentum gegen eine philosophische Grundeinstellung antreten, die das Materiell-Leibliche grundsätzlich abqualifizierte und dämonisierte und in der philosophischen Erkenntnis (Gnosis) Erlösung, Freiheit und Glück sah. Während der Grieche sich gleichsam mit der Materie »seine Hände nicht schmutzig machen will«, verkünden die christlichen Glaubensboten genau das Gegenteil, denn sie sprechen vom sichtbaren Kosmos als Schöpfung Gottes und seiner ewigen Verklärung.

■ *Die römisch-politische Auseinandersetzung*

Das Römische Reich war getragen von einer politischen Theologie, die Wachstum und Ausbreitung der politischen und militärischen

Antiker Altar »Dem unbekannten Gott« in Athen, auf den der Apostel Paulus (Apg 17,23) in seiner Areopag-Rede hingewiesen hat (Briefmarke: Griechenland 578).

Kaiser Decius (249 – 251).

Kaiser Diokletian (284 – 305).

Macht zutiefst mit der Gunst der römischen Götter verknüpfte. Weil hinter den römischen Kohorten die römischen Götter standen und mitkämpften, hat das Imperium der Römer das ganze Mittelmeerbecken umfassen und weit über die Alpen bis nach Britannien vorstoßen können. In militärischen Niederlagen erblickte man eine Rache der Götter, weil sie zu wenig verehrt wurden und die Tempel verödeten. Nur durch eine Wiederbelebung der Götterverehrung und der römischen Staatsfrömmigkeit konnte die Gunst der Götter wiedergewonnen und damit auch die Macht des Römischen Reiches gesichert werden.

Diese altrömisch-politische Theologie erfuhr eine Personalisierung und Verschärfung, seit es römische Kaiser gab. Die noch lebenden Kaiser wurden zu Göttern (divus Augustus) ernannt. So wurde Kaiser Augustus (30 v. – 14 n. Chr.) bereits in seinem zweiten Regierungsjahr 29 v. Chr. durch Beschluß des römischen Senats in die Liste der Nationalgötter aufgenommen. Kaiser Domitian (81 – 96) nannte sich selbst »Herr (Kyrios) und Gott« und forderte göttliche Verehrung.

Die Christen, die allein den dreifaltigen Gott verehrten, gerieten damit in einen religiös-politischen Gewissenskonflikt. Kann man als römischer Staatsbürger Christ sein? Wer den Kaiser nicht verehrt, erklärt sich selbst zum Staatsfeind. Er macht sich schuldig am Niedergang des Römischen Reiches, weil die altrömischen Götter von ihm nicht mehr verehrt werden. Hinter den verschiedenen Formen der Christenverfolgungen in den ersten drei Jahrhunderten – Verfolgung von Christen als Einzelpersonen durch Privatkläger (c. 60–200), Angriff auf die Organisation der Kirche (200–249), Massenverfolgung der Christen (249–305) – steht (in der Sicht der römischen Kaiser und der heidnischen Römer) die politische Sorge um die Erhaltung des Römischen Reiches.

Immer wieder wurde versucht, die Christen durch Gesetze – erinnert sei an das 250 erlassene Edikt des Kaisers Decius oder an die 303 veröffentlichten Verfolgungsdekrete des Kaisers Diokletian – zur Ehrfurcht vor den römischen Göttern, zur Spendung der Opfer und zum Genuß des Opferfleisches zu zwingen. Es kam einer totalen Kurskorrektur des römischen Reichs- und Religionsverständnisses gleich, als am 30. April 311 Kaiser Galerius in einem Edikt schrieb, die Christen mögen auch »für unser Wohl, für das des Staates und für das Ihrige zu ihrem Gott beten, damit das Reich in jeder Hinsicht unversehrt bestehen bleibt und sie selber ruhig an ihrem Herde leben können«.

2.
Petrus in Rom

»Du bist Petrus, und auf diesen Felsen werde ich meine Kirche bauen, und die Mächte des Todes werden sie nicht überwältigen. Ich werde dir die Schlüssel des Himmelreichs geben; was du auf Erden binden wirst, das wird auch im Himmel gebunden sein, und was du auf Erden lösen wirst, das wird auch im Himmel gelöst sein«.
(Mt 16, 18–19)

Aufenthalt, Martyrium und Grab des Apostels Petrus in Rom sind mehr als geschichtliche oder archäologische Themen. Sie haben deshalb in erster Linie für die katholische Kirche, aber auch für das ökumenische Gespräch aller christliche Gemeinschaften eine so einzigartige Bedeutung, weil damit die Stellung und Bewertung der Päpste als Petrusnachfolger verknüpft ist. Jede Papstwahl ist Wahl des Petrusnachfolgers, mag diese in Rom oder anderswo stattfinden und mag der Papst in Rom oder (wie die Kirchengeschichte für die Zeit von 1309 bis 1377 bezeugt) in Avignon oder in einer anderen Stadt residieren.

Von den Päpsten reden heißt von Petrus reden. Mit Petrus beginnt nicht nur die Reihe der Päpste (bezeugt ist dieser Titel für den römischen Petrusnachfolger in der zweiten Hälfte des 4. Jahrhunderts; seit der Mitte des 5. Jahrhunderts bürgert sich die Gewohnheit ein, dem römischen Bischof diesen griechischen Ehrentitel – seit Ausgang des christlichen Altertums ausschließlich – zu geben). Die Päpste wissen sich als Petrusnachfolger, in denen Auftrag und Verheißung, die Jesus dem Petrus gegeben hat, weiterleben und weiterwirken.

Fundamentlegung der Kirche

Der verheiratete, jüdische Fischer Simon, Sohn des Jona, aus Betsaida am See Gennesaret, hätte es sich nie träumen lassen, daß über seinem Grab einst eine gewaltige Kathedrale errichtet, sein Grab zum Streitobjekt nicht weniger Gelehrter würde und daß mit seinem Namen »Petrus« (kephas = Fels) die Liste der Päpste angeführt würde. Petrus war im Kreis der Apostel jene Persönlichkeit, die aus menschlicher Feigheit den Herrn und Meister Jesus verraten hat und die doch von Jesus Christus zum weiterwirkenden Felsenfundament seiner Kirchenstiftung gemacht wurde.

Gewiß war Jesus von Nazaret gegenüber der Institution der jüdischen Synagoge äußerst kritisch eingestellt. Sieht man jedoch genauer hin, dann waren es die Mißbräuche, Anmaßungen und Selbstherrlichkeiten der jüdischen Führungsschicht, der Schriftgelehrten und Pharisäer, die Jesus mit aller Schärfe angriff. Dem Neuen Testament ist zu entnehmen, daß Jesus keine geistig-charismatische Gemeinde als bloße Summation von Einzelpersönlichkeiten

Apostel Petrus, Fresko (Ende des 2. oder Anfang des 3. Jahrhunderts) in der Gruft der Aurelier, Rom.

Kaiser Nero (54 – 68 n. Chr.).

gegründet hat. Er hat vielmehr der Gemeinschaft seiner Getreuen eine klare Organisation gegeben und an ihre Spitze Simon, den Petrus, gestellt: »Du bist Petrus, und auf diesen Felsen werde ich meine Kirche bauen«. Petrus, der in allen Apostelkatalogen des Neuen Testaments (Mk 3,13–19; Mt 10,1–4; Lk 6,12–16; Apg 1,12–14) grundsätzlich an erster Stelle steht, hat in Jerusalem (wohl auch in Antiochien) und zuletzt in Rom gewirkt, wo er um 64 n. Chr. unter Kaiser Nero gemartert wurde. Eine kleine Christengemeinde in Rom dürfte es bereits vor der Ankunft des Apostels Petrus (wie des Apostels Paulus) gegeben haben. Jedoch erst und nur durch Petrus hat die römische Kirche eine feste Grundlegung und Sonderstellung dadurch erhalten, daß auf sie die Mutterkirchenwürde von Jerusalem auf Rom übertragen wurde.

Das Petrusgrab in Rom

Seine erste Grablegung hat der Märtyrer Petrus am vatikanischen Hügel erhalten, wo sich ein heidnisches Gräberfeld befand. Um 160 wurde dieses Erdgrab zu einer Gedächtnisstätte (»Tropaion«) mit zwei Säulen und einem Grabhof ausgebaut. Dieses von dem römischen Kirchenmann Gaius genannte »Tropaion« hatte rückwärts eine Nische (1,40 m hoch; 0,72 m breit; 0,21 m tief) in einer »Roten Mauer« (wegen des roten Verputzes so bezeichnet), die einen Grabplatz, der etwas schräg lag, im rückwärtigen Teil geschnitten hat.

Im Jahr 324 wurde von Kaiser Kontantin in Rom eine fünfschiffige Petersbasilika erbaut. Das hochverehrte Petrusgrab im vatikanischen Gräberfeld sollte dabei unter der Vierung dieser neuen Kirche liegen. Um die Fundamente auf dem abschüssigen, vatikanischen Hügel zu legen, mußten etwa 40000 Kubikmeter Erde bewegt und der größte Teil des heidnischen Gräberfeldes zugeschüttet werden. Auf Grund der äußerst komplizierten Ausgrabungen, die zwischen 1940 und 1949 (fortgesetzt in den Jahren 1953 bis 1957) unter dem Boden der heutigen Peterskirche durchgeführt wurden, ist die von Karl Heussi aufgestellte Behauptung: »Petrus hat die Tiberstadt nie betreten, und die Kuppel Michelangelos wölbt sich nicht über dem Grab des Jüngers Jesu«, endgültig entkräftet worden. Papst Pius XII. (1939 – 1958) konnte in seiner Weihnachtsansprache vom 23.

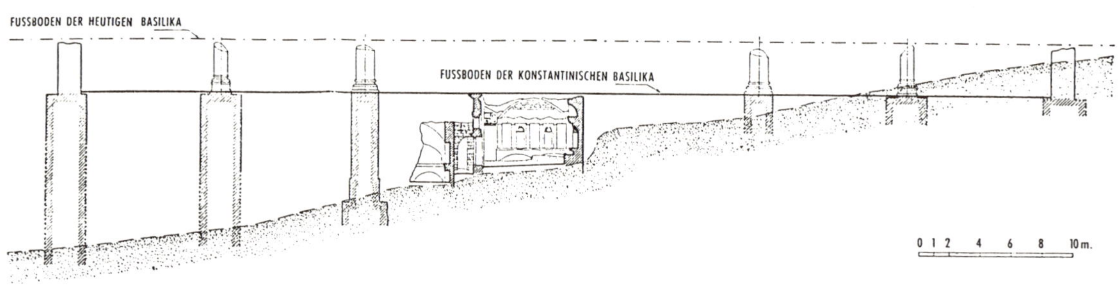

Schnitt durch den zum Tiber abfallenden, vatikanischen Hügel und durch die Fundamente der konstantinischen Petersbasilika.

Beschreibung der konstantinischen Petersbasilika – Ansicht zum Petersplatz (cod. Barb. lat. 2733).

Aufrisse der Gesamtanlage und des Innenraums der konstantinischen Petersbasilika.

Innenansicht der konstantinischen Petersbasilika.

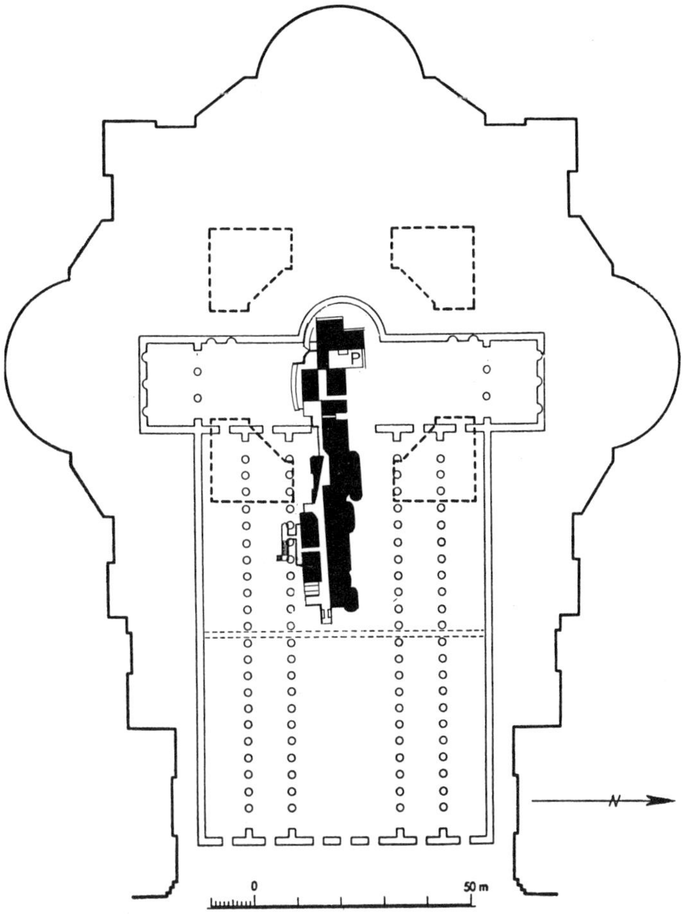

Grundriß der jetzigen Peterskirche mit eingetragenem Grundriß der konstantinischen Petersbasilika und dem darunter liegenden Gräberfeld (Mausoleum) im vatikanischen Hügel.

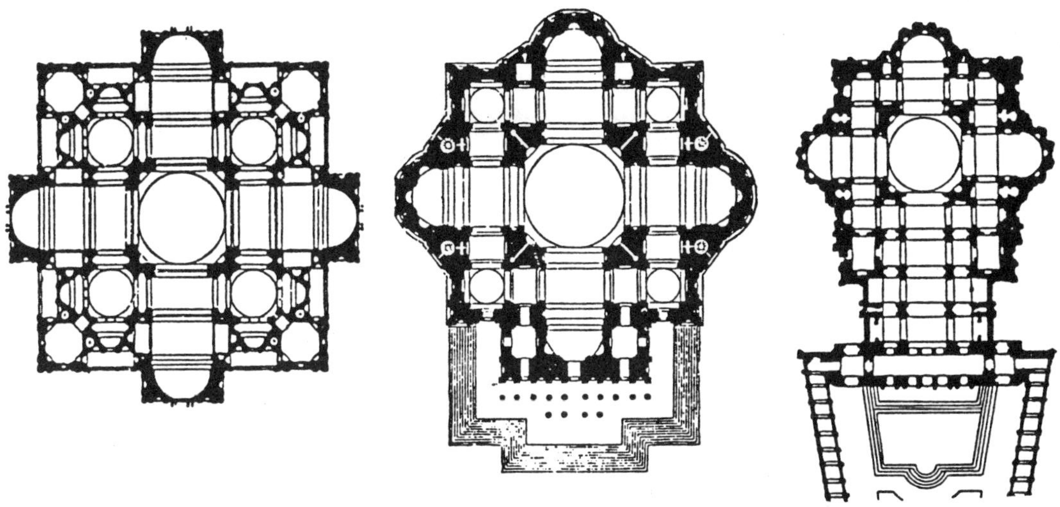

Grundrisse der Peterskirche nach dem Plan von Donato Bramante 1506 (links), nach dem Plan von Buonarotti Michelangelo 1547 (Mitte) und heutiger Grundriß nach dem durch Carlo Maderna (1606/15) veränderten Plan Michelangelos (rechts).

Petrusstatue aus der konstantinischen Petersbasilika (Vatikanische Grotten).

Dezember 1950 aller Welt verkünden: »Das Grab des Fürsten der Apostel (Petrus) ist wiedergefunden worden«.

Gewiß war der Apostel Petrus auch in Jerusalem und (wohl auch) in Antiochien. Rom aber war die Stätte seines letzten Wirkens und seines Martyriums. Bischof und Ortskirche von Rom haben dadurch nicht nur eine besondere, testamentarische Weihe empfangen. Jeder Bischof von Rom ist in exklusiver Weise Nachfolger des Petrus. Ihm kommt als Petrusnachfolger ebenso jene Leitungs- und Entscheidungsgewalt zu, die Petrus von Jesus Christus erhalten hat und die als lebendiges, personales Element im Petrusnachfolger lebendig und wirksam geblieben ist: »...ich habe für dich gebetet, daß dein Glaube nicht versage – du aber stärke seine Brüder« (Lk 23,32).

Es ist nicht die politische Sonderstellung, die Rom als Hauptstadt des Römischen Reiches hatte, die das Amt des römischen Bischofs aufwertete. Es war ausschließlich die neutestamentliche Christusverheißung an Petrus (Mt 16,13–20; Lk 22,32–34; Joh 21,15–17), die in den Petrusnachfolgern und ihren Entscheidungen respektiert wurde. Berücksichtigt man die kleine Zahl der damaligen Christengemeinden, dann ist einsichtig, daß es während der Wirksamkeit des Apostels Petrus in Rom wie auch seiner ersten Nachfolger, keiner großen Entscheidungsinstanzen und keines umfangreichen Büroapparates bedurfte. »Das Papsttum entwickelte sich aus einer äußerlich sehr bescheidenen Urgestalt zur heute voll entfalteten Form« (Seppelt – Schwaiger).

Pallienkapelle in der heutigen Confessio über dem Petrusgrab mit einem Christusmosaik. ▷

3.
Leitungsinstanz der römischen Bischöfe

»Wenn die Welt euch haßt, so wisset: mich hat sie schon vor euch gehaßt... Haben sie mich verfolgt, so werden sie auch euch verfolgen«.
(Mt 16, 18–19)

Von Anfang an wußten sich die Bischöfe Roms als Nachfolger des Apostels Petrus. Mit ihm verbunden war die römische Christengemeinde, deren »Glaube in der ganzen Welt gerühmt wird« (Röm 1,8), Hüterin des Petrusgrabes und Zeugin der unverkürzten Christusbotschaft. Erst mit der Ausbreitung und dem Wachstum der Kirche in der nachapostolischen Zeit wie auch mit dem Auftauchen von Glaubensfragen, die in anderen Christengemeinden Kleinasiens oder Ägyptens zu beträchtlichen Unruhen geführt hatten, kam es neben der bloßen Respektierung zur Aktivierung der Entscheidungsinstanz des römischen Bischofs. Es handelte sich dabei um einen langsamen, aber steten Entfaltungsprozeß, der die über Rom hinausreichende Vorrangstellung des Petrusnachfolgers sichtbar machte.

Der Bischof von Rom wurde mit nicht wenigen Problemen befaßt und in nicht wenige Auseinandersetzungen hineingezogen, die nicht zu seinem Bistumsbereich gehörten. Ihm war von Anfang an die Last eines übergreifenden Leitungs- und Entscheidungsamtes aufgebürdet. Die Bischöfe von Rom hätten es – rein menschlich gesprochen – leichter gehabt, sich aus solchen Streitigkeiten herauszuhalten. Aber die Nötigung ihres Petrusamtes hat sie – sei es gelegen oder ungelegen – immer wieder in das Sturmzentrum vielfältiger Glaubensentscheidungen gestellt.

Anerkannte Entscheidungsinstanz

Es war unbestrittene Selbstverständlichkeit, daß der Bischof von Rom als Petrusnachfolger von den übrigen Bischöfen und Gemeinden der ur- und frühchristlichen Epoche als Anrufungs- und Entscheidungsinstanz respektiert wurde. Irenäus, der Bischof von Lyon († um 202), hat noch als Presbyter in seinem um 180 abgefaßten Werk »Gegen die Häresien« (III,3) schriftlich niedergelegt, was selbstverständliche, kirchliche Praxis war:

»Mit der römischen Kirche muß wegen ihres besonderen Vorrangs jede Kirche übereinstimmen, denn in ihr ist immer die apostolische Tradition bewahrt worden.«

Rom (der römische Bischof als Petrusnachfolger und Vorsteher der römischen Christengemeinde) war Mittelpunkt der kirchlichen Einheit, – Richtmaß des christlichen Glaubens, – letzte Entscheidungsinstanz ungeklärter Fragen des Glaubens wie der Kirchendisziplin.

Liste der römischen Bischöfe

Von Anfang an wurden die Namen der römischen Bischöfe, gerade weil sie Petrusnachfolger waren, festgehalten. Ihrer wurde besonders in den Eucharistiefeiern gedacht. Heute noch hält das Eucharistische Hochgebet I die Namen Linus, Kletus, Klemens, der ersten drei unmittelbaren Petrusnachfolger, fest. Es war wiederum Irenäus von Lyon, der in seinem Werk »Gegen die Häresien« (III,3) die älteste Liste der römischen »Päpste« aufgezeichnet und im unmittelbaren Anschluß daran auf die Vorrangstellung der römischen Kirche hingewiesen hat.

Die Liste der römischen Bischöfe, die in der Verfolgungszeit der ersten drei Jahrhunderte lebten, läßt sich, durch deutliche Geschichtsereignisse bedingt, in folgende Abschnitte aufteilen:

■ *Bischofsliste des Irenäus von Lyon*

Irenäus faßte schriftliche und mündliche Überlieferungen zusammen, als er die ersten zwölf Bischöfe von Rom, die unmittelbar dem Apostel Petrus folgten, in einer Legitimationsliste zusammenstellte. Er legte gesteigerten Wert auf die genaue Reihenfolge und auf die Namen der römischen Bischöfe, ohne gleichzeitig ein präzises Zahlenmaterial ihres römischen Wirkens bzw. ihres Martyriums mitzuliefern.

Linus	67 – 76
Kletus (Anenkletus)	76 – 88
Klemens I.	88 – 97
Evaristus	97 – 105
Alexander I.	105 – 115
Sixtus I. (Xystus)	115 – 125
Telesphorus	125 – 136
Hyginus	136 – 140
Pius I.	140 – 155
Anicetus	155 – 166
Soter	166 – 175
Eleutherus	175 – 189

Die angegebenen Regierungsdaten sind historisch nicht gesichert. Sie geben jenes Zahlenmaterial an, auf das sich die heutige Geschichtsschreibung eingependelt hat. Die römischen Bischöfe haben in der Frühzeit auch nach der Papstwahl jenen bürgerlichen Namen weitergetragen, den sie vorher gehabt hatten. Erstmals hat im 6. Jahrhundert ein neugewählter Papst seinen bisherigen, bürgerlichen Namen geändert. Der römische Presbyter Mercurius, ein streitbarer Kirchenmann, hat als gewählter Papst, weil sein bisheriger Name allzu heidnisch und kriegerisch klang, als Erster seinen Namen geändert. Er hat sich den Papstnamen Johannes II. (533 – 536) zugelegt, nachdem einer seiner unmittelbaren Vorgänger den Namen Johannes I. (523 – 526) getragen hatte.

Auch die Porträts dieser römischen Bischöfe, wie sie etwa in den Medaillons der Päpste in der römischen Kirche Sankt Paul vor den Mauern zu sehen sind, können keine geschichtliche Glaubwürdigkeit beanspruchen.

■ *Bischofsliste der ersten Hälfte des 3. Jahrhunderts*

Mit dem Jahr 200 n. Chr. beginnt eine neue Phase der Christenverfolgung. Wurden bisher (60 – 200 n. Chr.) Christen als Einzelpersonen nur dann vor Gericht gestellt, wenn sie durch Einzelkläger angezeigt worden waren, so traf der aus dem Jahr 202 stammende Erlaß des Kaisers Septimius Severus (193 – 211) die Kirche als Organisation.

Viele der römischen Bischöfe wurden damals gemartert oder in die Verbannung geschickt. Trotz der politischen Bedrohung kam es innerhalb der römischen Christengemeinden zu Spannungen und Rivalitätskämpfen. Man darf daher die frühchristliche Zeit keineswegs in romantischer Verklärung und die Christengemeinden als einige Gemeinschaften »im Frohsinn und in der Schlichtheit des Herzens« (Apg 2,46) sehen. Es kam in der Führungsspitze der römischen Christengemeinde zu heftigen Auseinandersetzungen, so daß es neben Kallistus I. (217 – 222) und seinen beiden Nachfolgern Urban I. (222 – 230) und Pontianus (230 – 235)

Klemens I., Bischof von Rom (88–97)

einen Gegenbischof in Hippolyth (217 – 235) gegeben hat.

Viktor I.	189–199
Zephyrinus	199–217
Kallistus I.	217–222
Hyppolyth	217–235
Urban I.	222–230
Pontianus	230–235
Anterus	235–236
Fabianus	236–250

■ *Bischofsliste von der Mitte des 3. Jahrhunderts bis zum Ende der Christenverfolgungen*

Mit dem Edikt (249/250) des Kaisers Decius (249 – 251), das eine offizielle Opferbescheinigung forderte, begann die letzte Etappe der Christenverfolgungen, die ihren Höhepunkt in den Verfolgungsdekreten (vom 23. Februar 303) des Kaisers Diokletian (284 – 305) erreichte. Nur spärlich sind aus dieser Zeit die Nachrichten über die meisten der römischen Bischöfe. Trotz der politischen Pressionen

Fabianus, Bischof von Rom (236–250)

Kornelius, Bischof von Rom (251 – 253)

zählte die römische Christengemeinde damals etwa 30000 Mitglieder. Allein zum römischen Stadtklerus gehörten 46 Presbyter, 7 Diakone, 7 Subdiakone und eine Vielzahl von kirchlichen Mitarbeitern, die die Niederen Weihen empfangen hatten.

Daß aber selbst in den Jahren der heftigsten Christenverfolgungen die römische Christengemeinde von Rivalitäts- und Positionskämpfen nicht verschont war, ihren weiteren »Gegenpapst« in Novatian (251) hatte und erst nach einer Sedisvakanz von achtzehn Monaten in Kornelius (251 – 253) einen neuen Petrusnachfolger in Rom wählen konnte, zeugt für die angefochtene Situation der Gemeinde von Rom, die als Vorbild des Glaubens und als Mittelpunkt der Kircheneinheit gepriesen wurde.

Auch der römische Bischof Marcellinus (296 – 304) scheint nicht allen Anfechtungen standgehalten zu haben. Ihm wurde vorgeworfen, er habe heilige Bücher den Christenfeinden ausgeliefert und sogar den heidnischen Göttern geopfert.

Kornelius	251 – 253
Novatian	251 – 253
Lucius I.	253 – 254
Stephan I.	254 – 257
Sixtus II.	257 – 258
Dionysius	259 – 268
Felix I.	269 – 274
Eutychianus	275 – 283
Kajus	283 – 296
Marcellinus	296 – 304
Marcellus I.	308 – 309
Eusebius	309

Es wäre unangemessen, in den römischen Bischöfen der ersten drei Jahrhunderte bereits »Päpste« im modernen Sinn zu sehen. Eine Verfolgungszeit ist nicht geeignet, große Machtapparate aufzubauen. Die kurze Regierungszeit mancher römischer Bischöfe hat nicht zu einer umfassenden Einarbeitung in die »Geschäfte« einer Kirche geführt, die um ihre Existenz zu ringen hatte. Die soziologische Herkunft der römischen Bischöfe ist sehr unterschiedlich. Mancher, wie etwa Kallistus I. (217 – 222), war ehemaliger Sklave; Viktor I. (189 – 199) wohl ein Afrikaner. Eines ist auffallend: Bereits in dieser Frühepoche ist die Sonderstellung beachtlich, die die römischen Bischöfe als Petrusnachfolger innerhalb der ganzen damaligen Christenheit hatten.

Der Bischof von Rom – Entscheidungsinstanz

Drei Beispiele belegen, daß der römische Bischof über sein Bistum hinaus eine ordnende und letztentscheidende Funktion hatte.

■ *Mahnschreiben des römischen Bischofs Klemens I.*

Im letzten Jahrzehnt des apostolischen Jahrhunderts kam es in der Christengemeinde von Korinth zur Vertreibung der Vorsteher aus ihrem Bischofsamt. Unaufgefordert richtete der römische Bischof Klemens I. (88 – 97) ein 61 Kapitel umfassendes Schreiben – man hat es die erste »Enzyklika« genannt – an die Kirche von Korinth. Er forderte sie auf, sich den Vorstehern zu unterwerfen und ihnen den schuldigen Gehorsam zu leisten. »Es ist sehr beachtenswert, daß von Rom aus (und zwar vom dritten Nachfolger des Apostels Petrus) dieses Schreiben erging, als in Ephesus der Apostel Johannes noch lebte« (Seppelt – Schwaiger). Die ernsten Mahnungen des Klemensbriefes wurden in der innerlich zerstrittenen Gemeinde von Korinth vollauf respektiert, so daß es zur Rückkehr der vertriebenen Gemeindevorsteher kam.

Viktor I., Bischof von Rom (189 – 199)

Stephan I., Bischof von Rom (254 – 257)

■ *Entscheidung des römischen Bischofs Viktor I. im Osterfeststreit*

Von der Mitte des 2. Jahrhunderts an gab es zwischen Rom und kleinasiatischen Gemeinden Differenzen hinsichtlich des Osterfesttermins. Der römische Bischof Viktor I. (189 – 199) hat um 196 ein Schreiben an Polykrates von Ephesus gerichtet, in dem er unter Berufung auf die ihm zustehende Entscheidungsvollmacht um der kirchlichen Einheit willen die Notwendigkeit eines einheitlichen Ostertermins betont hat.

■ *Entscheidung des römischen Bischofs Stephan I. im Ketzertaufstreit*

In der Mitte des 3. Jahrhunderts hat es in Bistümern Nordafrikas eine große Zahl abgefallener Bischöfe und Priester gegeben, die weiterhin die Sakramente spendeten. Gerade durch die Erteilung der Taufe waren sie propagandistisch wirksam für ihre abgespaltenen Gemeinschaften. Es war allzu verständlich, daß der romtreue Bischof Cyprian von Karthago († 258) sich mit aller Vehemenz gegen die Gültigkeit der Taufe durch abgefallene Bischofs- und Priester-»Ketzer« stellte und sie für ungültig erklärte. Man witterte in diesen Ketzern eine gefährliche Konkurrenz (theologisch gesehen war in der damaligen Zeit der Sakramentenbegriff noch nicht voll geklärt).

Der römische Bischof Stephan I. (254 – 257) hat gegen Cyprian und die Beschlüsse der Synoden von Karthago (255 und 256), die die Ungültigkeit der Ketzertaufe aussprachen, Stellung bezogen. Er hat – wenigstens dem äußeren Anschein nach – sich gegen einen romtreuen Bischof gestellt und die Taufpraxis der abgefallenen Bischöfe und Priester wenn nicht gutgeheißen, so doch für gültig erklärt. Stephan I. hat in seiner Entscheidung ausdrücklich auf Mt 16,19 und damit auf seine Rechte und Pflichten als Petrusnachfolger hingewiesen. In einer außerordentlich prekären Situation hat er von seiner Entscheidungsbefugnis Gebrauch gemacht und dem Bischof Cyprian seinen Beschluß übermittelt, den dieser nur zähneknirschend zur Kenntnis genommen hat. Cyprian war ein unnachgiebiger Verfechter seiner Position: Nur der katholischen Kirche ist die Taufe anvertraut worden, daher ist ihre Taufe allein gültig. Wer den Heiligen Geist (wie die abgefallenen Bischöfe und Priester) nicht hat, so schreibt er in seinem Brief (Ep. 69,1.2), kann ihn auch nicht im Sakrament der Taufe verleihen. Es kam zum Bruch mit der von Cyprian geführten nordafrikanischen Kirche. »Es ist die bisher bedeutsamste Demonstration der Vorrangstellung Roms durch einen seiner Bischöfe; Stephan unternimmt sie, selbst um den Preis einer Spaltung, in dem Bewußtsein, Amt und Aufgabe des Petrus in der Gesamtkirche innezuhaben und erfüllen zu müssen«. (Karl Baus)

4.
Römische Bischöfe am Beginn des konstantinischen Zeitalters

»Gebt dem Kaiser, was dem Kaiser gehört, und Gott, was Gott gehört«.
(Mt 22,21)

Bereits mit dem Edikt, das Kaiser Galerius am 30. April 311 veröffentlichte, wurde ein christenfreundlicher Kurs begonnen. Jetzt sollten auch die Christen zu ihrem Gott für das Wohl und die Zukunft des Kaisers und des Römischen Reiches beten. Dieser Kurswechsel der römischen Politik wurde durch Konstantin I., den ersten christlichen Kaiser, volle, politische Wirklichkeit. Eine neue Epoche, das konstantinische Zeitalter, begann.

In diesem reichs- und kirchenpolitischen Umbruchsprozeß ist mit Spannung zu verfolgen, welche Positionen der Kaiser für sich in Anspruch nimmt und welcher Wirk- und Entscheidungsraum den römischen Bischöfen als Petrusnachfolger zugebilligt wird. Wird der römische Bischof zum Ausführungsorgan des christlichen Kaisers degradiert, der sich »Bischof der äußeren Angelegenheiten« der Kirche nannte? Es gab damals gewiß eine Zusammenarbeit von Kaiser und römischem Bischof. Konnte aber der römische Bischof, der vom römischen Kaiser mit soviel Huld und Macht überhäuft wurde, noch Kritik anmelden, wenn der Kaiser seine Machtbefugnisse überschritt und die Entscheidungskompetenz des römischen Bischofs einengte oder ignorierte? Man muß sich angesichts der völlig neuen und ungewohnten Möglichkeiten und Freiheiten den Prozeß des Umdenkens und der Neuorientierung sehr deutlich vor Augen führen wie auch die Gefahren sehen, die durch den »Goldenen Käfig« der neuen Kirchenfreiheit von Kaisers Gnaden eingehandelt wurden.

Der Kaiser – Schutzherr der Kirche

Kaiser Konstantin der Große und seine unmittelbaren Nachfolger verstanden sich von Anfang an als Schutzherren der Kirche. Sie wußten sich verantwortlich für die Ausbreitung und Sicherung des christlichen Glaubens. Die bisher praktizierte Modellvorstellung der römisch-heidnischen Reichstheologie übertrugen sie auf ihre neuen Positionen in der christli-

Kaiser Konstantin I., der Große (307 – 337). Reiterstatue von Lorenzo Bernini (1598 – 1680). ▷

Kaiser Konstantin I., der Große (307 – 337).

Kaiserinmutter Helena (†328).

chen Reichskirche. Die Kirche verstanden und gebrauchten sie in ihrer reichssichernden Funktion. Jeder Angriff auf die Kirche war gleichzeitig ein Angriff auf das Reich. Jede Spaltung des christlichen Glaubens wurde als Gefährdung der Einheit des politischen Reiches gewertet und verfolgt. Es waren daher die Kaiser, die bei innerkirchlichen Glaubensstreitigkeiten eingriffen. Unter ihrem Protektorat wurden Konzilien als Reichskonzilien einberufen, auf denen die Erhaltung der Glaubenseinheit immer auch als Voraussetzung für die Reichseinheit gesehen wurde.

Die Kirche wurde »Reichskirche«. Unter Kaiser Theodosius I. (378 – 395) wurde 380 das Christentum offizielle Staatsreligion. Das von Kaiser Theodosius I. unterzeichnete Dekret

Kaiser Theodosius I. (379 – 395).

wurde »die klassische Urkunde der christlichen Staatskirche« (Hugo Rahner) bezeichnet. Das konstantinische Imperium brauchte und gebrauchte die Kirche. Die Kirche wiederum ließ sich allzu bereitwillig mit den Machtmitteln der konstantinischen Politik schützen. Konnte nicht von politischer Seite der so begünstigten Kirche Undankbarkeit vorgeworfen werden, wenn diese Kritik anmeldete oder sich gegen kaiserliche Gesetze zur Wehr setzte?
Ungewollt wuchs der römische Bischof in eine reichspolitische Stellung hinein, als Konstantinopel, das sich stolz »Neu-Rom« bezeichnete, 330 zur neuen Hauptstadt des konstantinischen Großreichs erhoben wurde. Es stand gewiß der Stolz der Römer dahinter, wenn damals Rom vor einem Absinken in die provinzielle Bedeutungslosigkeit dadurch bewahrt wurde, daß man von dem Bischof Roms das Einrücken in die politische Macht erwartete! Die Römer wären enttäuscht gewesen, hätte sich der römische Bischof in ein politisches Niemandsland zurückgezogen und die Verantwortung in Rom abgelehnt. Dem römischen Bischof fiel nun neben seiner ortskirchlichen Aufgabe und gesamtkirchlichen Entscheidungsfunktion eine politische Führungsrolle zu, mit der er leben und verantwortlich regieren mußte. Je weiter die Kaiser von Rom entfernt waren, umso mehr weitete sich die politische Macht der römischen Bischöfe aus. Es bildeten sich, langsam sich verfestigend, jene Voraussetzungen, die schließlich die kirchenpolitische Wirksam-

keit der Päpste Damasus I. (366 – 384) und Leo I., des Großen (440 – 461), ermöglichten und bestimmten.

Römische Bischöfe bis zur Mitte des 5. Jahrhunderts

Es war ein tiefgreifender Umdenk- und Neuorientierungs-Prozeß, den mit dem römischen Bischof auch seine römische Christengemeinde nach der konstantinischen Wende zu meistern hatten. Plötzlich waren die römischen Kaiser Hüter der Kirche und Freunde der Christen, die sich überaus intensiv, bisweilen aus recht egoistischen, politischen Motiven, für das Wohl der Kirche (und damit für die eigene politische Sicherheit) einsetzten. Es dauerte einige Zeit, bis die römischen Bischöfe sich ihrer Position in dem neuen politischen Kräftspiel bewußt wurden und in ihre kirchenpolitische Stellung hineinwuchsen.

■ *Römische Bischöfe bis Damasus I.*

Der römische Bischof, der den Überschritt in das konstantinische Zeitalter miterlebte, war Miltiades (310 – 314). Ihm und seinen Nachfolgern, die sich aus der Verfolgungsmentalität lösen mußten, wurde nur langsam die neue kirchenpolitische Situation bewußt, die mit Kaiser Konstantin I. begonnen hatte. Der einst verfolgte, gebannte oder gemarterte Bischof von Rom war fast über Nacht zum Gesprächspartner und Freund des römischen Kaisers geworden. Ein erstes, exemplarisches Zeichen der enormen Aufwertung des römischen Bischofs war der Lateranpalast, den Kaiser Konstantin I. der römischen Kirche als Sitz des Petrusnachfolge 313 schenkte. Dieser Lateranpalast, verbunden mit einem großen Grundbesitz, war bis zum Ende des 14. Jahrhunderts Residenz der Päpste. Miltiades hat in diesen Lateranpalast bereits im Oktober 313 zu einer Synode eingeladen. Mit Staunen werden gewiß

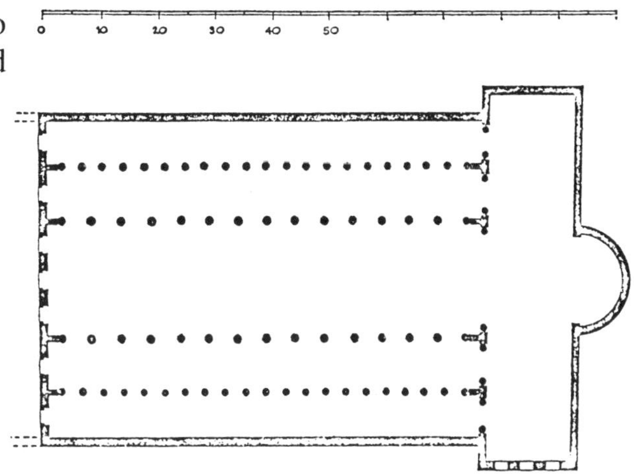

Grundriß der Lateranbasilika, 324 eingeweiht durch Silvester I. (314 – 335).

die Teilnehmer dieser Synode die Marmorpracht des römischen Bischofspalastes durchschritten haben. An den Lateranpalast wurde kurze Zeit später die Lateranbasilika angebaut (bis zum heutigen Tag römische Bischofskirche), die den stolzen Titel trägt: »Mutter und Haupt aller Kirchen der Hauptstadt und des Erdkreises«.

Es war wie ein Traum, den die Christen Roms damals erlebten, als Kaiser Konstantin mit vollen Händen Glanz und Reichtum über die Kirche Roms ausgoß. Daß aber die römischen Bischöfe auch den Druck der kaiserlichen Macht zu spüren bekamen, zeigte sich, als römische Kaiser sich auf die Seite der kirchlich verworfenen, arianischen Lehre stellten. Der römische Bischof Liberius (352 – 366) wurde damals verbannt, weil er nicht die arianische Auffassung des Kaisers teilte. Für den verbannten römischen Bischof ließ der Kaiser Konstantius II. (337/350 – 361) in Felix II. sogar einen »Gegenpapst« aufstellen. Auch Damasus I. (366 – 384) wurde durch Kaiser Valentinian (364 – 375) ein »Gegenpapst« in Ursinus (366 – 367) entgegengestellt. Nach dem Motto: Ein Reich – ein Kaiser – ein Glaube! bestimmte der Kaiser die Religion seines Reiches. Wie sehr das Spiel mit der politischen Macht ansteckend sein kann, zeigte der römische Bischof Damasus I., der als Erster den Titel »Pontifex Maximus« beanspruchte. Unter ihm beginnt die Kirchengeschichte als Machtgeschichte sichtbar zu werden und sich zusehend zu festigen.

Silvester I., Bischof von Rom (314–335).

Damasus I., Bischof von Rom (366–384).

Kaiser Theodosius II. (408–450).

Miltiades (Melchiades)	310–314
Silvester I.	314–335
Markus	336
Julius I.	337–352
Liberius	352–366
Felix II.	355–356
Damasus I.	366–384
Ursinus	366–367

■ *Päpste bis Leo I.*

Immer deutlicher zeichnet sich ab, daß der römische Bischof im öffentlich-politischen Bereich eine etablierte, einflußreiche Persönlichkeit geworden war. Der römische Bischof Siricius (384 – 399) setzte zwei deutliche Zeichen: Er wird »erster Papst« genannt, weil er herausgehoben wurde durch den Titel »papa« (Papst) und diesen Titel auch gerne hörte. Seit dem Ausgang des christlichen Altertums blieb dieser Titel in der lateinischen Kirche allein dem Bischof von Rom vorbehalten. Die Machtkonzentration und der Leitungszentralismus können nicht übersehen werden. Als »Papst« erließ Siricius auf einer Synode 386 die Bestimmung, Bischöfe dürfen von nun an nur nach päpstlicher Erlaubnis geweiht werden.

Die steigende und sich verfestigende Machtkonzentration wird im Leben und Wirken wie im Selbstverständnis des Papstes Leo I. (440 – 461) sichtbar. Er konnte es sich leisten, dem römischen Kaiser Theodosius II. (408–450) zu widersprechen und die von diesem 449 nach Ephesus einberufene Reichssynode als »Räubersynode« öffentlich zu diskreditieren. Als Rom von den Hunnen bedroht war, zog Leo I. dem Hunnenkönig Attila entgegen. Es gelang ihm anläßlich einer Begegnung 452 in Mantua, die Stadt Rom vor der Zerstörung durch Attila zu bewahren. Nicht der Kaiser, sondern Papst Leo I. war der Retter Roms, der Vater des Vaterlandes. Ihm wurde der Titel »der Große« zuerkannt. Die Rettung Roms vor den Hunnen hat das Ansehen des Papstes Leo I. weit über Rom hinaus kometenhaft gesteigert. Wenn Notzeiten kommen, dann sind es die Päpste, auf die Verlaß ist!

Siricius	384–399
Anastasius I.	399–401
Innozenz I.	401–417
Zosimus	417–418
Bonifaz I.	418–422
Eulalius	418–419
Cölestin I.	422–432
Sixtus III.	432–440
Leo I., der Große	440–461

Beim Aufstieg zur politischen Macht, ja zur politischen Überordnung des Papstes über den Kaiser hat eine Vielzahl äußerer Faktoren und theologischer Argumente mitgewirkt. Typisch und beispielhaft ist das Wort des heiligen Ambrosius, des Bischofs von Mailand (339 – 397): »Der Kaiser steht in der Kirche, nicht über der Kirche. Ein guter Kaiser sucht die

Papst Leo I., der Große (440 – 461).

Kirche zu fördern, nicht sie zu bekämpfen. So untertänig wir das sagen, so unerschütterlich halten wir daran fest, auch wenn man uns droht mit Scheiterhaufen und Schwert und Verbannung. Wir Knechte Christi haben das Fürchten verlernt!«

Päpste und frühchristliche Reichskonzilien

Mit dem petrinischen Amt des römischen Bischofs haben die allgemeinen Konzilien die Verantwortung und Entscheidung über den Glauben und die Kircheneinheit getragen. Aus religiösen wie auch aus politischen Gründen waren die christlichen Kaiser an diesen Konzilien interessiert. Von ihnen wurde die Glaubenseinheit als wichtiges Fundament und Bindeglied derReichseinheit angesehen. Es waren die Kaiser, die die Konzilien einberiefen, für die Unterkünfte und Verpflegung der versammelten Bischöfe sorgten, den Vorsitz der Konzilstagungen übernahmen. Mit Recht kann daher von »Reichskonzilien« gesprochen werden.

Auf keinem der vier ersten Reichskonzilien war ein römischer Petrusnachfolger anwesend, wohl aber haben sie die vom Kaiser einberufenen Reichskonzilien gebilligt, ihre offiziellen Legaten dorthin gesandt und oft durch Handschreiben auch in die Debatten der Reichskonzilien eingegriffen. Entscheidend aber war, daß Beschlüsse und Entscheidungen der Reichskonzilien erst nach der Bestätigung durch den römischen Bischof Gültigkeit erlangten und als Reichsgesetze veröffentlicht worden sind.

Wie stark die Position auch des abwesenden, römischen Bischofs auf diesen Reichskonzilien war, geht allein daraus hervor, daß nach der Verlesung eines Dogmatischen Schreibens, das Papst Leo I. von Rom aus an das Konzil von Chalzedon 451 gerichtet hatte, die dort versammelten Konzilsteilnehmer unter stürmischem Applaus riefen: »Petrus hat durch Leo gesprochen!«

Orte der frühchristlichen Reichskonzilien

◁
Begegnung des Papstes Leo I., des Großen (440 – 461), mit dem Hunnenkönig Attila in Mantua (452). Altarrelief in der Peterskirche/Rom.

Die vier Reichskonzilien

Jahr und Tagungsort	*Papst*	*Kaiser*	*Hauptthema*
325 **Nizäa**	Silvester I. (314 – 335)	Konstantin I. (306 – 337)	Wesensgleichheit des Sohnes mit dem Vater (gegen **Arius**)
381 **Konstantinopel**	Damasus I. (366 – 384)	Theodosius I. (379 – 395)	Gottheit des Heiligen Geistes (gegen **Macedonius**)
431 **Ephesus**	Cölestin I. (422 – 432)	Theodosius II. (408 – 450)	Maria – Gottesgebärerin (gegen **Nestorius**)
451 **Chalzedon**	Leo I. (440 – 461)	Marcian (453 – 457)	Zwei Naturen in der einen göttlichen Person Jesu Christi (gegen den **Monophysitismus**)

Papst und Konzil tragen die Verantwortung der Glaubens- und der Kircheneinheit. Es ist kühn, was Papst Gregor I., der Große (590 – 604), ausgesprochen hat: »Ich bekenne, daß ich die vier Konzilien genauso annehme und ehre wie die vier Bücher der heiligen Evangelien«. Das kollegiale Zusammenwirken von Papst und Konzil konnte in kritischen Zeiten zu einem rivalisierenden Ringen der Überordnung des Papstes über das Konzil, aber auch der Überordnung des Konzils über den Papst werden, indem (wie es etwa Martin Luther forderte) gegen einen Papst an ein Konzil appelliert wird. Aus der Kollegialität kann eine Rivalität, eine erbitterte Rangstreitigkeit werden.

Die Päpste haben sich eine Letztentscheidung vorbehalten, indem festgelegt wurde: Es ist einerseits nicht statthaft, gegen einen päpstlichen Beschluß Einspruch bei einem ökumenischen Konzil einzulegen (Kirchliches Gesetzbuch Can. 338 und 341), anderseits haben Konzilsbeschlüsse nur dann Gültigkeit, wenn sie durch den Papst unterzeichnet sind (Can. 1372). In der Argumentation des Papstes Leo I. und seines wachsenden, kurialen Beamtenapparates ist äußerst selbstbewußt die Sonderstellung des römischen Petrusnachfolgers um die Mitte des 5. Jahrhunderts zu vernehmen. »Der heilige Petrus, der für alle Zeit die Stärke besitzt, die ihm als ›Fels‹ zuteil wurde, hat das übernommene Steuer der Kirche nicht verlassen... Auch ein unwürdiger Nachfolger büßt nichts von seiner Würde ein«.

Wer die Papstgeschichte mit innerweltlich-historischen Maßstäben mißt und bewertet, muß eine enorme, politische Machtsteigerung der Bischöfe Roms feststellen, die innerhalb von knapp 150 Jahren erstaunlich schnell erreicht wurde. Wer im Petrusamt der Kirche eine göttliche Stiftung erblickt, wird nachzudenken haben, ob der Zuwachs an politischer Macht wirklich providentiell genannt werden kann oder ob es im Raum der göttlichen Vorsehung erstaunlich viele Alternativmöglichkeiten für die freie Entscheidung und Entfaltung der Menschen gibt. Rudolf Otto Wiemer hat einen bedenkenswerten Satz dazu geschrieben: »Auf Petrus lassen sich leichter Gedichte machen als auf das Papsttum«.

5. Päpste im Ausgang des christlichen Alterstums

»Wer ein Amt hat, verwalte es mit der Kraft, die Gott verleiht. So soll durch Jesus Christus Gott in allem verherrlicht werden«.
(1 Petr 4,11)

Mit Papst Leo I., dem Großen (440 – 461), war ein erster innerkirchlicher wie auch machtpolitischer Höhepunkt des Papsttums erreicht. »Leo war ein ungewöhnlicher Papst: er war Diplomat, Theologe, Redner, Administrator und Heiliger« (Patrick Granfield). Das klassische Prinzip des römischen Rechts, daß »der Verstorbene im Erben fortlebt« und daß der Erbe die Stelle des Verstorbenen einnimmt, hat er auf sich und das Papsttum angewandt. Es gehörte zum Selbstbewußtsein dieses römischen Bischofs: Petrus spricht durch Leo, durch die Päpste. Der Papst ist, wie es Leo I. aussprach, »Petrus auf dem Stuhl Petri«.

Die Epoche von der Mitte des 5. Jahrhunderts bis zum Ende des 6. Jahrhunderts – der kirchengeschichtliche Zeitraum, der durch zwei »Große«, durch Leo I. (440 – 461) und Gregor I. (590 – 604) eingegrenzt wird – ist durch tiefgreifende Ereignisse geprägt: durch die politischen und theologischen Auseinandersetzungen mit Byzanz, d.h. mit den oströmischen Kaisern und den hinter diesen stehenden Hoftheologen und Hausjuristen.

Nicht minder tiefgfreifend war die totale Veränderung der politischen Landschaft des europäischen Westens infolge der (375 beginnenden) Völkerwanderung (410 Einnahme Roms durch die Westgoten unter Alarich): die dadurch ausgelöste Zerstörung des weströmischen Imperiums (496 Absetzung des letzten weströmischen Kaisers Romulus Augustulus) und die Errichtung der Reiche der Ostgoten in Italien (489 – 563), der Burgunder in Frankreich (443 – 534), der Westgoten in Spanien (418 – 711) und der Vandalen in Nordafrika (429 – 534).

Bedenkt man, daß die über Europa hereinflutenden Stämme der Völkerwanderung Arianer waren (und daß außerdem die meisten der oströmischen Kaiser den Arianismus begünstigten), dann wird die bedrohte Situation Roms und des römischen Christentums in vollem Umfang deutlich. Wird mit dem Papsttum das römische Christentum zu einer bedeutungslosen, aussterbenden Sekte herabsinken, die mit keinem kaiserlichen Schutz rechnen kann? Wie hielt sich das Papsttum in dieser Umbruchszeit? Erlebte es eine machtpolitische Zurückstufung oder schlug eine neue, vielleicht ganz andere Stunde seines religiösen Einflusses und einer Rückbesinnung auf den Ursprung der armen, verfolgten und politisch machtlosen Kirche?

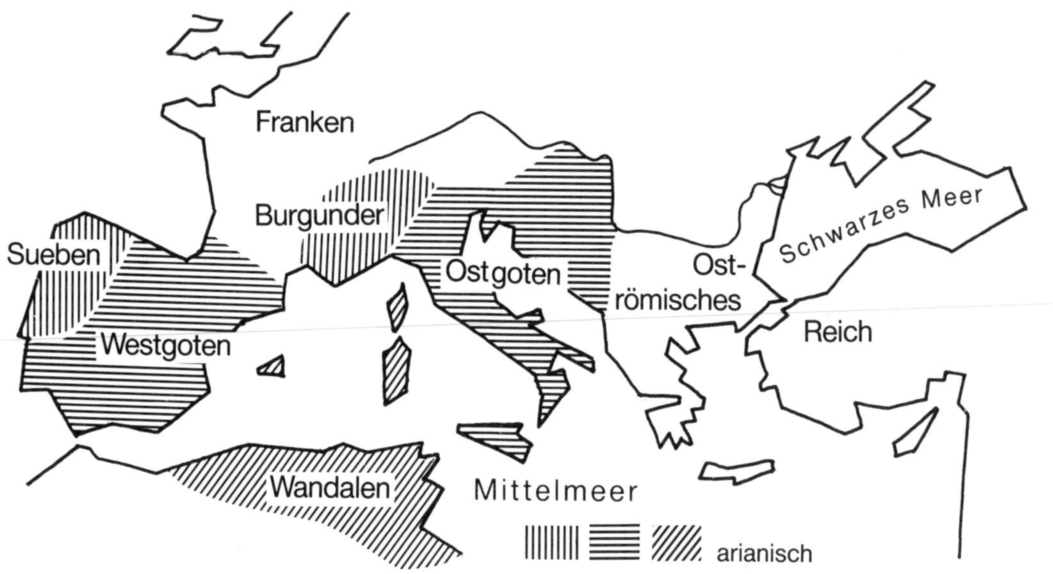

Ausbreitung des Arianismus während der Völkerwanderungszeit

Papstliste bis zum Endc des 6. Jahrhunderts

Es ist mit Staunen zu verfolgen, wie in der Turbulenz der Völkerwanderungszeit und der romfeindlichen Attaken der oströmischen Kaiser das römische Papsttum (und die Westkirche) sich nicht nur halten, sondern seine religiöse Kompetenz, gewiß auch seine politische Macht als »ruhender Pol in der Erscheinungen Flucht« erheblich festigen konnte.

Hilarius	461–468
Simplicius	468–483
Felix II.	483–492
Gelasius I.	492–496
Anastasius II.	496–498
Symmachus	498–514
Laurentius	498–506
Hormisdas	514–523
Johannes I.	523–526
Felix III.	526–530
Dioskur	530
Bonifaz II.	530 532
Johannes II.	533–535
Agapet I.	535–536
Silverius	536–537
Vigilius	537–555
Pelagius I.	556–561
Johannes III.	561–574
Benedikt I.	575–579
Pelagius II.	579–590
Gregor I., der Große	590–604

Nur wenigen Päpsten stand eine längere, über zehn Jahre sich erstreckende Zeitspanne für ihr Wirken zur Verfügung: Simplicius 15 Jahre, Symmachus 16 Jahre, Vigilius 18 Jahre, Johannes III. 13 Jahre, Pelagius II. 11 Jahre, Gregor I. 14 Jahre. Die meisten Päpste regierten nur wenige Jahre, nicht selten unter widrigsten, politischen Umständen.

An drei Gestalten lassen sich die unterschiedlichen Profilierungsversuche, aber auch die Nöte und Neuorientierungen der damaligen Päpste exemplarisch sichtbar machen.

Grabmal des Ostgotenkönigs Theoderich, des Großen (489 – 526), in Ravenna: zweigeschoßiger Rundbau aus istrischen Kalksteinblöcken (um 520 erbaut), die Kuppel ist aus einem einzigen Block gearbeitet.

Die Zwei-Gewalten-Theorie des Papstes Gelasius I.

Das argumentativ angereicherte Fundament, das Papst Leo I. gelegt und vielfältig wie krisenfest begründet hatte, erfuhr in den Wirren der Völkerwanderungszeit und der gleichzeitigen Ausbreitung des Arianismus keineswegs eine Verkürzung oder gar eine Preisgabe. Im Gegenteil: Während das Römische Reich, das auch viele damalige Christen als ein providentielles Reich (Roma aeterna) angesehen hatten, zusammenstürzte und seine geschichtliche Endlichkeit erwies, erstarkte das päpstlich-kirchliche Selbstbewußtsein: »...die Pforten der Hölle werden sie (die Kirche) nicht überwältigen« (Mt 16,18).

Nie zuvor hat ein Papst so offen und so grundsätzlich über das Verhältnis von Papsttum und Kaisertum gesprochen wie Gelasius I. (492 – 496). Trotz seiner nur vierjährigen Regierungszeit hat er Weichen für Jahrhunderte gestellt. Was dieser Papst über die »Zwei-

Papst Gelasius I. (492 – 496).

Gewalten« der Kirche und des politischen Reiches niedergeschrieben hat, hat bis zum heutigen Tag klassische Bedeutung behalten.

Zwei sind es, erhabener Kaiser, durch die in erster Linie diese Welt regiert wird: die geheiligte Autorität der Bischöfe und die königliche Gewalt. Von diesen ist die Last der Bischöfe um so schwerer, als sie auch für die Könige der Menschen vor Gottes Richterstuhl Rechenschaft ablegen müssen... Wenn es sich geziemt, daß die Herzen der Gläubigen allen Bischöfen demütig sich unterwerfen, die das Göttliche in rechter Weise verwalten, um wieviel mehr ist es nötig, daß man mit dem Vorsteher jenes Stuhles übereinstimme, den Gottes Wille als den Ersten über allen gesetzt hat, und den von da an die Gesamtkirche stets in kindlicher Ergebenheit als solchen verehrt.

Noch deutlicher präzisierte Gelasius I. seine überragende und unantastbare Entscheidungskompetenz, wenn er erklärte, »daß der Papst über die ganze Kirche richte, selbst aber von niemand gerichtet werde... daß sein Anspruch nicht aufgelöst werden dürfe, seine Entscheidungen vielmehr zu befolgen seien«. Hatte eben noch Papst Gelasius I. markig und selbstbewußt von der Überordnung des Papstes über den Kaiser gesprochen, so mußte einer seiner Nachfolger, Papst Vigilius (537 – 555), in erniedrigender, teilweise selbstverschuldeter Weise die Überordnung des Kaisers über den Petrusnachfolger erleben.

Papst Vigilius im Netz der oströmischen Politik

Persönlichkeit und Entscheidungen des ehrgeizigen, geldgierigen und charakterschwachen Papstes Vigilius (537 – 555) enthüllen eine tragische Epoche des Papsttums. Kaiser Justinian (527 – 565), mehr um die Einheit des Reiches als um die Reinheit des Glaubens besorgt, griff energisch und selbstbewußt in Glaubensfragen und in Konzilsentscheidungen (über das gott-menschliche Persongeheimnis Jesu) ein. Er legte 543/44 ein Edikt vor, das den Namen »Drei-Kapitel« erhielt und die vom Konzil beschlossene Glaubensentscheidung in Mißkredit brachte.

Papst Vigilius wurde in die oströmische Kaiserstadt Konstantinopel zitiert. Weil er sich durch Geld und Schmeicheleien des Kaisers betören und täuschen ließ, beugte er sich heute den Wünschen des Kaisers, um morgen schon sich dagegen aufzulehnen. Geldgier und Ehrgeiz machten Papst Vigilius erpreßbar und für die Gesamtkirche unberechenbar. Er wurde zu einer tragischen Zwitterfigur, die zum gleichen Text heute Ja und morgen Nein sagte. Die Regierungszeit des bald vom Kaiser mit Geschenken überschütteten, bald vom gleichen Kaiser ins Gefängnis geworfenen Papstes Vigilius gehört »zu den bedrückendsten der Kirchengechichte« (K. Baus).

Papst Vigilius (537 – 555).

Bischofssitz (Kathedra) in der dreischiffigen Kirche San Gregorio auf dem Monte Coelio in Rom. Die Überlieferung berichtet, Papst Gregor I., der Große (590–604), der über seinem Elternhaus diese Kirche errichtet hat, habe diese Kathedra benützt.

Franz Xaver Seppelt, ein Kirchenhistoriker mit einem reichen Wissen und einem ausgewogenen, äußerst vorsichtig vorgetragenem Urteil, sah sich zu der Feststellung genötigt: »...es läßt sich nicht übersehen, daß all das Schwere, das ihn (Vigilius) traf, zum guten Teil selbstverschuldet war, verschuldet durch eigene Fehler, durch die unwürdigen Fesseln, die er sich selbst um seines Ehrgeizes und sciner Habsucht willen und durch seine peinlich berührenden geheimen Abreden geschmiedet hatte. Es fehlte ihm jene unbeirrbare Festigkeit und Charakterstärke, die man von einem Mann in so erhabener Stellung zu fordern füglich berechtigt ist und die an so manchen seiner Vorgänger und Nachfolger zu rühmen ist. Ein

Märtyrer seiner Überzeugung zu werden, lag nicht in seiner Art. Mangel an Größe auf solchem Posten aber wird zur Schuld«. Neben Gelasius I. (492 – 496), der mit stolzem Selbstbewußtsein die Macht des Papsttums verkündete und praktizierte, steht ein Vigilius (537 – 555), der menschliche Unzulänglichkeit und Erbärmlichkeit eines Petrusnachfolgers erschütternd vor Augen führt.

Neuorientierung unter Papst Gregor I.

Gewiß kam Papst Gregor I., der Große (590 – 604), aus einer politischen Laufbahn als römischer Stadtpräfekt auf den Stuhl des heiligen Petrus in Rom. Was er aber dem Papsttum brachte, war nicht Macht, sondern Besinnung, Neuordnung der Liturgie und vor allem eine entscheidende Kurskorrektur und Neuorientierung der Kirche und ihrer Glaubensverkündigung. Aus eigenem Erleben wußte er um die Notwendigkeit und Bedeutung der Stille und der Meditation. Wer in die Hektik der politischen Geschäfte verwickelt war, sehnt sich nach einer Stätte der Ruhe, zu der er seinen renommierten, römischen Palast umgestaltete und darin ein Andreaskloster erstehen ließ.

Papst Gregor I., der mit kirchenpolitischem Weitblick das Gebet und die liturgische Verherrlichung Gottes zu verbinden wußte, war keineswegs von dem Gedanken angekränkelt, einer Machtgeschichte der Kirche den Weg zu bereiten. Was ihn auf Grund seiner früheren, politischen Erfahrungen auszeichnete, war ein realistisch-nüchterner Blick für die bröckelnde Machtkonstellationen im Mittelmeerraum (einschließlich des oströmischen Kaisertums). Er hatte außerdem ein waches Gespür für die Zukunftsbedeutung der jungen und unverbrauchten Völker jenseits der Alpen im Frankenreich, in Britannien, Schottland und Irland.

Gregor I. war ein Papst, der bereits in der europäischen Frühzeit – ohne darüber große Worte zu verlieren – in seinen pastoralen Entscheidungen Menschenrechte und Grundfrei-

Kaiserin Theodora bringt den Kelch zur Gabenbereitung der Eucharistiefeier. Byzantinisches Wandmosaik in der Apsis von San Vitale/Ravenna.

Papst Gregor I., der Große (590 – 604).

heiten respektierte. In seinen Anweisungen an die 596 nach England ausgesandten Missionare verbot er eine gewaltsame Schwertmission und wies nachdrücklich hin auf die Notwendigkeit einer argumentierenden Evangelisierung und einer Achtung des bisherigen Brauchtums. In seinem Instruktionsschreiben an den Leiter der England-Mission, Abt Augustin, schrieb Gregor I.:

Du kennst, mein Bruder, den Gebrauch der römischen Kirche, in dem aufgewachsen zu sein sie sich rühmt. Aber meines Erachtens, wenn du in der römischen oder gallischen oder in einer beliebigen anderen etwas gefunden hast, was dem allmächtigen Gott besser gefallen mag, so nimm es emsig auf und füge in der Kirche der Angeln, die noch neu im Glauben ist, mit besonderer Unterweisung ein, was du aus vielen andern Kirchen hast sammeln können. Denn man muß die Sache nicht nach dem Äußeren, sondern das Äußere nach dem guten Kern beurteilen. Nimm also aus jeder einzelnen Kirche, was fromm, was recht, was heilig ist, und dies sozusagen in ein Bündel gefaßt, brauche für die Seelen der Angeln.

Papst Gregor I., der Große, steht nicht nur an der Schwelle vom christlichen Altertum zum abendländisch-christlichen Mittelalter. Durch seine weitsichtigen Entscheidungen hat er die Tore in eine neue Epoche der Kirchengeschichte weit geöffnet. Die Kirche löst sich aus den bisherigen politischen Bindungen, Verpflichtungen und Verkettungen des Römischen Reiches. Sie sucht neue Partner und Schutzherren. Ist sie damit nur dem einen Käfig entronnen um sich in einen anderen Käfig zu begeben?

Das christlich-abendländische Mittelalter

7. – 15. Jahrhundert

6.
Päpste unter der Kirchendespotie byzantinischer Kaiser

»Wenn dieses Werk (die Kirche) von Menschen stammt, wird es zerstört werden.
Stammt es aber von Gott, so könnt ihr es nicht vernichten«.
(Apg 5,38–39)

Mit Papst Gregor I., dem Großen (590 – 604), schien eine Epoche der Päpste zu beginnen, die sich auf die religiösen Aufgaben der Kirche konzentrierten und zwar mit einer neuen Blickrichtung auf das Abendland, genauer gesagt auf die aufstrebenden Völker jenseits der Alpen (Burgunder, Franken, Angelsachsen, Schotten und Iren). Es war aber fast ein Jahrhundert nötig, ehe sich die Päpste aus der Verkettung mit den oströmischen Kaisern lösen konnten. Die machtpolitischen Auseinandersetzungen waren verschärft durch konkurrierende Glaubensströmungen. Damals war die theologische Diskussion von der Frage aufgewühlt, ob in Christus von einer oder von zwei Wirkweisen (Energien) bzw. von einem oder von zwei Willen (Monergismus bzw. Monothetelismus) zu sprechen sei.

Vergleicht man im 7. Jahrhundert bis zum Beginn des 8. Jahrhunderts (715) die Regierungszeiten der römischen Päpste und der byzantinischen Kaiser, dann fällt auf, daß einer Vielzahl von Päpsten mit meist sehr kurzem Pontifikat oströmische Kaiser gegenüberstehen, die meist über eine wesentlich längere Regierungszeit verfügten und daher viel stärker in die dogmatischen und machtpolitischen Auseinandersetzungen eingreifen konnten. Nur zwei Päpste – Honorius I. (625 – 638) und Vitalianus (657 – 672) – regierten länger als zehn Jahre.

Über die meisten dieser Päpste – z. B. Sabinian (604–606), Bonifaz III. (607), Adeodatus I. (615–618) oder Bonifaz V. (619–625) – sind nur spärliche Informationen überliefert. So manche Entscheidung im Glaubensbereich oder auch in den Auseinandersetzungen mit den byzantinischen Kaisern kam wegen der kurzen Regierungszeiten der Päpste über Ansätze und Entwürfe nicht hinaus.

Im Gegensatz dazu konnten die meist lange regierenden oströmischen Kaiser ihre Macht erheblich stärker und intensiver ausspielen. Ihnen stand nicht nur ein weitaus besser eingearbeiteter Apparat ehrgeiziger, meist antirömisch eingestellter Hofjuristen und karrieresüchtiger Hotheologen zur Verfügung. Sie selber waren – allein schon, weil sie der griechi-

◁
Aurelius Augustinus, Bischof der nordafrikanischen Stadt Hippo (354 – 430). Durch sein Werk über den Gottesstaat (De civitate dei) ist er in entscheidender Weise Mitgestalter und Baumeister des christlichen Abendlandes geworden. Gemälde von Sandro Botticelli (1445 – 1510) in der Ognissanti (Allerheiligenkirche) von Florenz.

Papst Sabinian (604 – 606).

Päpste und Kaiser des 7. Jahrhunderts

Päpste	*Kaiser*	*Konzil*
	Phokas (602–610)	
Sabinian (604–606)		
Bonifaz III. (607)		
Bonifaz IV. (608–615)	Heraklios (610–641)	
Adeodatus I. (615–618)		
Bonifaz V. (619–625)		
Honorius I. (625–638)		
Severinus (640)		
Johannes IV. (640–642)	Konstans II. (641–668)	
Theodor I. (642–649)		
Martin I. (649–653)		
Eugen I. (654–657)		
Vitalianus (657–672)	Konstantin IV. (668–685)	
Adeodatus II. (672 –676)		680/681 6. Allgemeines Konzil von Konstantinopel
Donus (676 – 678)		
Agatho (678–681)		
Leo II. (682–683)		
Benedikt II. (684–685)		
Johannes V. (685–686)	Justinian II. (685–695)	
Konon (686–687)		
Theodor (687)		
Paschalis (687–692)		
Sergius I. (687–701)	Leontios (695–698)	
Johannes VI. (701–705)	Tiberios III. (698–705)	
Johannes VII. (705–707)	Justinian II. (705–711)	
Sisinnius (708)		
Konstantin (708 – 715)		

schen Sprache mächtig waren – nicht selten erheblich besser in die Terminologie der damaligen Glaubensdiskussionen eingearbeitet als so mancher Papst in Rom. Wie stark der politische Druck war, der damals von Konstantinopel ausgegangen ist, kann daraus ermessen werden, daß die Epoche nach Gregor dem Großen (†604) Zeitalter der byzantinischen Gefangenschaft der Päpste genannt worden ist.

Kurzinformation über die Glaubensfragen

Was sich damals zwischen den Päpsten in Rom und den oströmischen Kaisern abgespielt hat, ist ohne eine knappe Kenntnis der damaligen Glaubensauseinandersetzungen nur schwerlich erfaßbar. Es mag gewiß für den Menschen des 20. Jahrhunderts erstaunlich sein, wie sehr im 7. Jahrhundert politische Entscheidungen von Glaubensfragen mitbestimmt waren. Den oströmischen Kaisern lag daran, die Reichseinheit durch Glaubenskämpfe nicht aufs Spiel zu setzen.

In den heftigen Auseinandersetzungen über das Persongeheimnis Jesu Christi spielten damals drei Thesen eine verwirrende Rolle, die im Gegensatz zu den Glaubensentscheidungen der Konzilien standen:

Monophysitismus: These, daß der Sohn Gottes nach seiner Menschwerdung nur eine einzige Natur (mone physis) besitzt, die im Gegensatz steht zur Glaubensentscheidung des Konzils von Chalzedon (451): In Jesus Christus ist eine göttliche Person (die Person des göttlichen Wortes) und in ihm sind zwei Naturen, eine göttliche und eine menschliche.

Konstantinopel, Tagungsort der vier Reichskonzilien (381, 553, 680/681, 869/870).

Monergismus: These, daß es in Jesus Christus, dem menschgewordenen Sohn Gottes, nur eine gottmenschliche Wirkungsweise (Energie) gibt.

Monotheletismus: These, daß es in Jesus Christus, dem menschgewordenen Sohn Gottes, nur einen gottmenschlichen Willen gibt.

Der Monophysitismus hatte in Syrien und Ägypten viele Anhänger, vor allem in der kirchlichen Hierarchie und in Mönchskreisen. Da diese Gebiete von den Persern bedroht waren, hatten die byzantinischen Kaiser größtes Interesse, die Glaubensunterschiede nicht zu einer zusätzlichen politischen Belastung werden zu lassen. Sie waren bestrebt, alles zu tun, um sie zu mildern, wenn nicht zu überwinden. Der Patriarch Sergios I. von Konstantinopel (610 – 638) glaubte auf Grund der Personeneinheit auch von einer Wirk- und Willenseinheit in Jesus Christus sprechen zu können. Diese Formel (des Monergismus bzw. Monotheletismus) schien ihm und auch dem byzantinischen Kaiser die ideale Vorausset-

Kaiser Konstantius II. (337–361).

Die heilige Märtyrerin Agnes mit den Päpsten Symmachus (498–514) und Honorius I. (625–638). Mosaik in der Kirche Sant Agnese in Rom.

zung zu sein, die Monophysiten für die Reichskirche wie für die politische Einheit gewinnen zu können. Man sollte daher dem Patriarchen Sergios I. von Konstantinopel nicht von vornherein Böswilligkeit oder gar Glaubensdemontage unterstellen, wenn er diese christologischen Ansichten vorlegte und den Kaiser, der ohnehin für die Einheit des Reiches besorgt war, zu gewinnen verstand. Beide waren der festen Zuversicht, mit der neuen Glaubensformel Ruhe, Ordnung und Einheit dem unsicher gewordenen Christenvolk geben zu können.

Der Honorius-Fall

Daß jedoch auch andere Motive in diesen Glaubensauseinandersetzungen mitgespielt haben, bezeugt die Art und Weise, wie man von Konstantinopel aus den römischen Papst Honorius I. (625 – 638) eingefangen (»hereingelegt«) hat und seine Zustimmung erreichte. Ohne Zweifel war Patriarch Sergios I. besser in die theologische Diskussion, nicht zuletzt in die griechische Begriffssprache eingearbeitet als der römische Papst Honorius I., »der den subtilen Fragen der Christologie, mit denen sich die griechische Theologie befaßte, fernstand und darum nicht erkannte, worum der neuentbrannte Streit eigentlich ging« (Franz Xaver Seppelt).

Allzu rasch ist Honorius I. in das schlau geknüpfte Netz des Patriarchen von Konstaninopel geraten, wenn cr 634 in seinem Antwortschreiben erklärte: »Wir kennen *einen* Willen unseres Herrn Jesus Christus«. Ganz eindeutig hat er damit – wie immer man es auch drehen und wenden, motivieren und herunterspielen mag – die Irrlehre des Monothele-

Papst Martin I. (649 – 653).

Kaiser Justinian II. (685 – 695, 705 – 711).

tismus vertreten. Bereits das 6. Ökumenische Konzil von Konstantinopel (680/681) sah sich genötigt, über Papst Honorius I. als Begünstiger und Häretiker des Monotheletismus den Bannfluch auszusprechen, »weil wir in einem Brief an Sergios gefunden haben, daß er in allem dessen Ansichten folgte und seine gottlosen Lehren bestätigte«.

Im Mittelalter wurde daher dem Rechtsprinzip »Der Papst kann von niemand gerichtet werden«, die sogenannte Häretikerklausel angefügt, »wenn er nicht vom Glauben abfällt«. Noch auf dem 1. Vatikanischen Konzil (1869/70) spielte die Honorius-Frage, aufgeworfen von dem Kirchenhistoriker (bekannt geworden durch seine siebenbändige Konzilsgeschichte 1855/74) und Rottenburger Bischof Karl Josef von Hefele (1869 – 1893) im Zusammenhang mit der Debatte über die Unfehlbarkeit des Papstes, eine bedeutende Rolle.

Papst Honorius I. hat sich ohne Zweifel durch den Bau römischer Kirchen, durch die beispielhafte Verwaltung der Kirchengüter und nicht zuletzt bei der Mission und Errichtung der angelsächsischen Kirche einen Namen gemacht. Als Wächter des Glaubens bietet er aber ein zwiespältiges Bild, das man nicht verharmlosen darf. Es ist der geschichtlichen Wahrheit nicht gedient, seine Aussagen so herunterzuspielen, als seien sie keine dogmatischen Darlegungen, sondern lediglich disziplinäre Maßnahmen und Äußerungen in einem Privatbrief. Die historisch gesicherte Tatsache muß aufhorchen lassen, daß in ihm ein Papst durch das 6. Ökumenische Konzil von Konstantinopel (680/81) in aller Rechtsform als Häretiker verurteilt wurde.

Die oströmisch-byzantinischen Kaiser haben durch die Äußerungen des Papstes Honorius I. zwar eine Schlacht für die Reichskirche und ihre politische Machtsicherung gewonnen. Sie wurden weiterhin stets aktiv, wenn von römischen Päpsten Entscheidungen gegen die »Reichsreligion« des Monotheletismus getroffen wurden: Papst Martin I. (649 – 655) wurde verhaftet und deportiert – Maximus Confessor, der theologische Berater dieses Papstes, wurde 662 zu Tode gemartert – Papst Konstantin (708 – 715) wurde nach Konstantinopel zitiert und zur Reise dorthin gezwungen.

Während die oströmischen Kaiser in den römischen Päpsten ihre Konkurrenten sahen und sich bemühten, die Patriarchen von Konstantinopel (Neu-Rom) als gleichrangig mit den Petrusnachfolgern in Rom zu erheben, begann sich das gesamte politische Umfeld des Mittelmeerraumes durch die Machtentfaltung und die militärischen Erfolge des Islam (Mohammed 570 – 632) grundlegend zu verändern. Nachdem das weströmische Reich bereits 476 und die meisten Reiche der Völkerwanderungszeit (534 Untergang des Burgunderreiches, 535 des Vandalenreiches, 553 des Ostgotenreiches, 711 des Westgotenreiches) zusammengebrochen waren, begann eine neue Geschichtsepoche mit dem Beginn des 8. Jahrhunderts. Die römischen Päpste wie auch die oströmischen Kaiser sahen sich vor die Frage gestellt, ob sie miteinander oder gegeneinander ihren Weg in die Zukunft gehen.

7.
Kirchenpolitische Neuorientierung der Päpste

»Es gibt keine staatliche Gewalt, die nicht von Gott stammt; jede ist von Gott eingesetzt... Nicht ohne Grund trägt sie das Schwert. Sie steht im Dienst Gottes und vollstreckt das Urteil an dem, der Böses tut«.
(Röm 13,1.4)

Bereits seit dem Ende des 5. Jahrhunderts (496 Taufe des Frankenkönigs Chlodwig in Reims durch Bischof Remigius) machen sich kirchenpolitische Weichenstellungen bemerkbar, die im 7. Jahrhundert durch die Expansion des Islam und nicht zuletzt im 8. Jahrhundert durch die Entstehung des Kirchenstaates den Weg der Päpste in die Zukunft entscheidend mitbestimmen.

Der eingeengte Lebensraum

Nach dem Tod Mohammeds (8. Juni 632) setzte der religiös-politische Siegeslauf des Islam ein, der den Lebens- und Entfaltungsraum der europäischen Völker für fast 800 Jahre erheblich einschnürte. Die islamischen Volksheere, getrieben von einem missionarischen Sendungsbewußtsein, haben die gesamte Südflanke des Mittelmeeres (Nordafrika), aber auch empfindliche Abschnitte der West- (Spanien) und der Ostflanke (Palästina, Syrien, Kleinasien) erobern können.

Der islamische Zangenangriff hat die europäischen Völker und auch die Kirche mit ihren missionarischen Aktivitäten in jener geschichtlichen Phase getroffen, als sie sich anschickten, nach den Zerstörungen der Völkerwanderung sich auf ihre politische Selbstfindung und Zukunftsaufgabe zu besinnen. Fast alle politischen Entfaltungsabsichten wie kulturellen Begegnungsmöglichkeien sind durch den Islam im Osten wie im Westen, vor allem an der gesamten Südflanke des Mittelmeeres blockiert worden. Nur im nördlichen und nordöstlichen Abschnitt Europas blieben Wege der religiösen und politischen Entfaltung offen.

Da die oströmischen Kaiser in fast ständige Auseinandersetzungen mit dem Islam verwikkelt waren, konnten das Abendland und mit ihm auch die Päpste kaum militärische Hilfe in Krisensituationen von ihnen erwarten. Das Abendland sah sich gezwungen, für seine politische Sicherheit und Zukunft selbst aufzukommen. Damit wuchsen auch die Päpste in eine politische Rolle hinein, für die sie nach neuen Verbündeten unter den europäischen Herrschern ausschauten.

Kaaba mit dem Schwarzen Stein. Islamisches Heiligtum in Mekka.

Papstliste des 8. Jahrhunderts

Die Päpste des 8. Jahrhunderts, deren Liste bis in die Regierungszeit des deutschen Kaisers Karl des Großen (768 – 814) hineinreicht, haben einen neuen, kirchenpolitischen Kurs eingeschlagen – weg von Konstantinopel und den oströmischen Kaisern und hin zu den Königen (bzw. Kaisern) des Frankenreiches. Einen deutlichen Vorrang erhielt die Missionierung der Angelsachsen, der Schotten und Iren und der germanischen Stämme jenseits der Alpen. Unter den beiden Päpsten Gregor II. (715 – 731) und Gregor III. (731 – 741) erhielt der angelsächsische Missionar Winfried-Bonifatius den Auftrag, die deutsche Kirche zu organisieren.

Papst Stephan II. (752 – 757) war der erste Petrusnachfolger, der die erste Papstreise in den Westen, ins Frankenreich zum Frankenkönig

Papst Stephan II. (752 – 757).

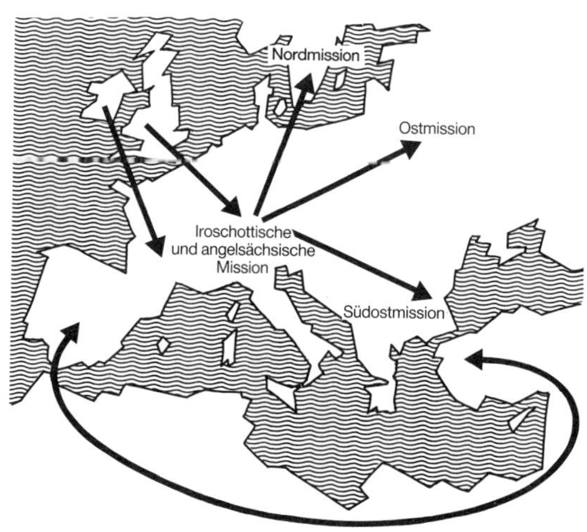

Umklammerung des Abendlandes durch den Islam.

Pippin III., dem Jüngeren, unternommen hat. Eine freundschaftliche Beziehung verband Papst Hadrian I. (772 – 795) mit dem Frankenkönig Karl, dem Großen. Wie sehr sich die Selbsteinschätzung des Papsttums bereits gefestigt hatte, geht daraus hervor, daß Papst Hadrian I. die päpstlichen Urkunden nicht mehr nach den Regierungsjahren des Kaisers, sondern nach seinen eigenen Pontifikatsjahren datierte. Karl der Große war tief betroffen, als Papst Hadrian I. am 25. Dezember 795 in Rom starb, wie die Inschrift einer Marmortafel bezeugt, die heute noch in der Vorhalle der römischen Peterskirche angebracht ist:

Papst Hadrian I. (772 – 795). Zeitgenössischer Silberdenar mit Frontalbüste des Papstes mit Tonsur (Vorderseite) und Stufenkreuz mit den Buchstaben RM, Abkürzung des Münzortes Rom (Rückseite).

Hier ruht der Vater der Kirche, die Ehre Roms, der berühmte Schriftsteller, der selige Papst Hadrian. – Gott war sein Leben, das Mitleid war sein Gesetz, sein Ruhm war Christus; er war ein apostolischer Hirte, bereit, all das zu tun, was gut war. – Edel war er durch seine Abstammung von altem, großem Geschlecht, bei weitem edler aber durch seine hohen Tugenden. – Mit frommem Sinn, von dem Wunsche beseelt, als guter Hirte immer und überall die seinem Gott geweihten Tempel auszuschmükken, bereicherte er die Kirchen mit Geschenken, die Völker mit heiligen Vorschriften und öffnete allen den Weg, der in den Himmel führt. – Ehre der Stadt und der Welt, hatte er durch seine Lehren, seine Schätze, seine Bauten deine Türme errichtet, erhabenes Rom. – Ihm schadete keineswegs der Tod, der schon durch Christi Tod besiegt und getötet war, er erschloß ihm vielmehr das Tor zu einem besseren Leben.

Diese Verse habe ich, Karl, unter Tränen über den Tod des Vaters geschrieben; du bist meine teure Liebe gewesen, dich, o Vater, beweine ich jetzt. – Gedenke meiner; mein Gedanke wird dir allzeit folgen; genieße du mit Christus das Reich des Himmels! – Der Klerus und das Volk liebten dich mit großer Zuneigung, du warst die Liebe aller, bester Hirte. – Ich will, Erlauchter, daß unsere Namen und unsere Würden hier vereint seien; Hadrian und Karl, ich König, du Vater. – Wer auch immer du sein magst, der diese Verse liest, sprich aus frommem Herzen dies Gebet:

O Gott voll Erbarmen, hab Mitleid mit allen beiden! – Mögen indessen hier deine Gebeine ruhen, geliebtester Freund; deine verklärte Seele erfreue sich mit den Heiligen Gottes! – Bis daß der Stoß der letzten Posaune an deinen Ohren widerhallen wird. Dann wirst du zusammen mit Petrus, dem Apostelfürsten, auferstehen, um Gott zu schauen. – Dann wirst du, des bin ich gewiß, die Stimme des großen Richters vernehmen, der dir zurufen wird: Komm und genieße die Wonnen deines Herrn! Dann, guter Vater, erinnere dich, ich bitte dich darum, deines Sohnes und sprich: Mit dem Vater möge auch dieser mein Sohn kommen! – So scheide denn, seliger Vater, hin zu Christi himmlischen Reichen und hilf dort oben deiner Herde mit deinen Gebeten! – Dein Ruhm, heiliger Vater, wird so lange in der Welt bestehen, als die Sonne am Himmel erglänzt. –

Hadrian, Papst seligen Andenkens, herrschte 23 Jahre 10 Monate 17 Tage, starb am siebten Tag vor den Kalenden des Januar.

Ambrosius, Bischof von Mailand (374 – 397), der Vater der Armen und Verteidiger der Freiheit der Kirche. Mosaik (5. Jahrhundert) in der Basilika S Ambrogio von Mailand (Sacello di S. Vittore in Ciel d' Oro).

Krönung des Kaisers Karl des Großen (Weihnachten 800) durch Papst Leo III. (795 – 816) in der Peterskirche in Rom. Miniatur aus dem 16. Jahrhundert (Nationalbibliothek, Paris). ▷

Unter folgenden Päpsten vollzog sich die viele Jahrhunderte prägende Kooperation zwischen Kirche und Reich:

Gregor II.	715–731
Gregor III.	731–741
Zacharias	741–752
Stephan II.	752–757
Paul I.	757–767
Konstantin II.	767–768
Philipp	768
Stephan III.	768–772
Hadrian I.	772–795
Leo III.	795–816

Machtzuwachs des Papsttums

Es ist eine paradoxe, durch die geschichtlichen Fakten jedoch erhärtete Tatsache: Die islamischen Eroberungen des 7. Jahrhunderts haben die Christengemeinden in Nordafrika, Ägypten und Palästina fast völlig zerstört.

Dort, wo einst Cyprian als Bischof von Karthago (200 – 258) und Aurelius Augustinus als Bischof von Hippo (354 – 430) gewirkt hatten, waren die Kirchen und Taufkapellen niedergebrannt, die Christen vertrieben oder getötet. Auch die mächtigen Patriarchate von Alexandrien, Antiochien und Jerusalem, die mit Nachdruck ihren Ranganspruch gegenüber Rom und Neu-Rom (Konstantinopel) angemeldet und verteidigt hatten, waren zerschlagen. Aber gerade dieser Verlust wurde für die Stellung und Macht des Papstes in Rom zu einem überaus großen Gewinn und Vorteil, denn jetzt waren diese nicht immer leichten »Mitbrüder im Herrn« ausgeschaltet. Nur noch der Patriarch von Konstantinopel, hinter dem der oströmische Kaiser stand, war eine mit Rom konkurrierende Kirchenmacht.

Es zeichnete sich deutlich ab, daß die Päpste ihren religiösen und auch ihren politischen Einfluß immer stärker und auch ihre administrative Kontrolle immer weiter ausdehnten. Eine zusätzliche Machtposition wuchs den Päpsten durch die sogenannte Pippinsche Schenkung zu, die Papst Stephan II. (752–757) durch einen Vertrag von Quierzy bei Laon (754) mit dem fränkischen König Pippin III., dem Jüngeren, garantiert wurde. Damit waren die römischen Päpste zu weltlichen Herrschern auf dem politischen Parkett avanciert, auf dem sie bis 1870 blieben, als der Kirchenstaat (unter dem damaligen Papst Pius IX.) dem italienischen Staat zum Opfer fiel. Wer aber unter die weltlichen Machthaber tritt, wird allzu leicht in die Intrigen und Machtkämpfe dieser Welt verstrickt.

Wenn Päpste auf Machterweiterung bedacht sind, treten sie in harte Konkurrenz zu anderen Herrschern. Sie büßen die ihnen zustehende Rolle des Schiedsrichters und Friedensstifters ein, weil sie selbst politische Partei geworden sind. Man sollte aber auch bereits an dieser Stelle die Situation eines politisch machtlosen Papstes bedenken, der allzu leicht politisch erpreßt, manipuliert, mißbraucht werden kann! Bereits in dieser kirchengeschichtlichen Epoche, da die Konturen des Kirchenstaates sich immer deutlicher abzeichnen, erhebt sich die Frage: Kann der Papst im Geiste des Nazareners, der gekommen war, zu dienen und ausdrücklich auf Macht verzichtet hat (Mt 26.52–56), eine Kirche leiten, die Herrschaft ausübt und Machterweiterung anstrebt? Gilt nicht auch für ihn das Wort Jesu: »Alle, die zum Schwerte greifen, kommen durch das Schwert um« (Mt 26,52)?

Die neuen Schutzherren der Kirche

Es scheint nur ein Titel »Patricius Romanorum« (Schutzherr der Römer, der römischen Kirche) zu sein, den Papst Stephan II. anläßlich der Königssalbung 754 in St. Denis dem Frankenkönig Pippin III. verlieh. Bedenkt man aber, daß diesen Titel bis dahin nur die oströmischen Kaiser getragen haben, dann wird deutlich, daß hinter der Titelverleihung an den Frankenkönig, der in den Augen der byzantinischen Kaiser kulturell und politisch ein bedeutungsloser, lächerlicher »Barbar« war, ein religiös-politischer Affront, eine öffentliche Aufkündigung des traditionell-kirchenpolitischen Patronats der byzantinischen Kaiser durch den Papst zu sehen ist. Nicht mehr die Kaiser in Konstantinopel, sondern die im Frankenreich (Aachen, Reims, St. Denis) residierenden, politisch immer mächtiger werdenden Könige (und Kaiser) sind von jetzt an die Vertragspartner, Bundesgenossen und Schutzherren der Päpste und der römischen Kirche.

Erstaunlich schnell haben die Frankenkönige erfaßt, welche macht- und kirchenpolitische Konsequenzen der Titel »Patricius Romanorum« für sie hatte.

Wie Karl der Große als »Patricius Romanorum« sein Herrscheramt verstand, das unter seinen Nachfolgern im Laufe der kommenden Jahrhunderte nicht selten zum Be-Herrscheramt ausartete, kann dem Glückwunschschreiben entnommen werden, das er 796 an Papst Leo III. anläßlich seiner Papstwahl durch seinen Königsboten, Abt Angilbert von Sankt Riquir, überbringen ließ.

Es ist unsere Aufgabe, mit Gottes Hilfe die heilige Kirche Christi gegen den von außen kommenden Angriff der Heiden und die Verheerungen der Ungläubigen überall mit Waffengewalt zu verteidigen und die Kenntnisse des katholischen Glaubens innerhalb der Kirche zu festigen. Eure Aufgabe, heiligster Vater, ist es, unseren Armeen beizustehen, indem Ihr gleich

Steinthron des Kaisers Karl des Großen im oberen Umgang der oktogonalen Pfalzkapelle (eingeweiht am 17. Juni 800) in Aachen.

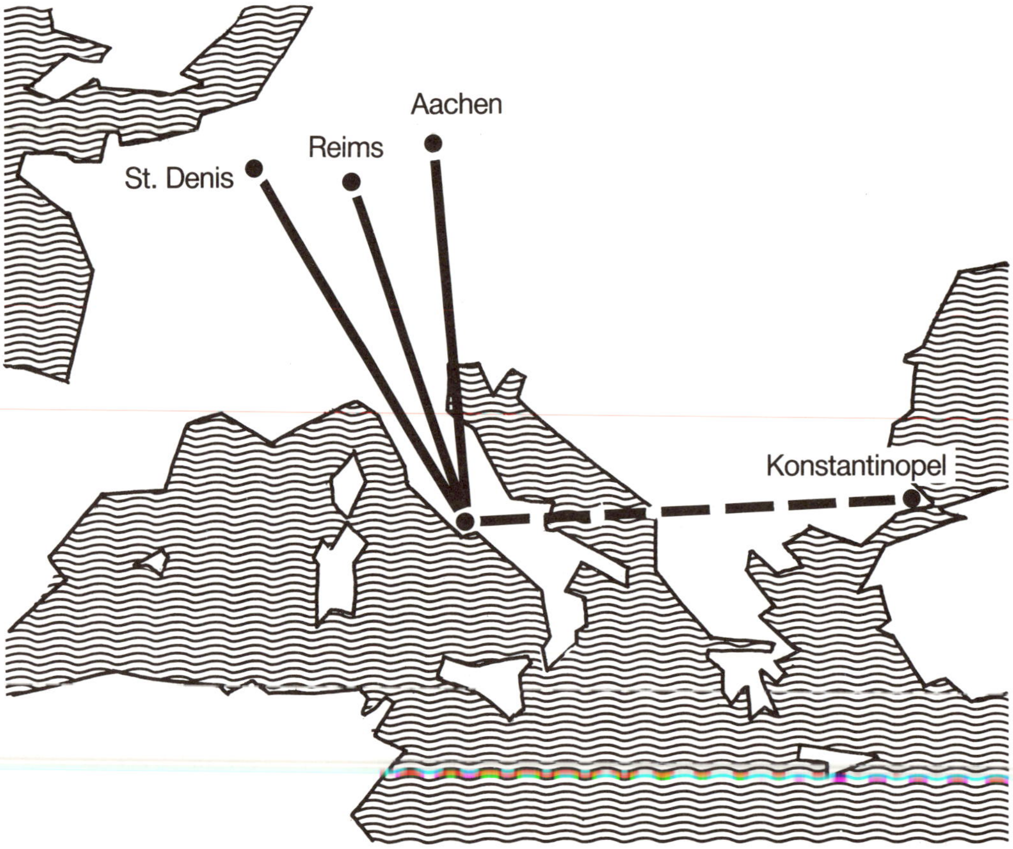

Neuorientierung der Päpste in Rom: Auflösung des Bündnisses mit den byzantinischen Kaisern in Konstantinopel und Hinwendung zu den Königen des Frankenreiches.

Mose die Hände zu Gott emporhebt, damit durch Eure Fürbitte und Gottes Führung das christliche Volk überall und immer den Sieg über die Feinde Seines heiligen Namens erringen möge und der Name des Herrn Jesus Christus in der ganzen Welt verherrlicht werde.

Es ist erstaunlich, in welch kurzer Zeit die fränkischen Herrscher sich ihrer Machtstellung in der Kirche bewußt wurden, diese in die politischen Wirklichkeit umzusetzen und mit geschliffenen Argumenten zu verteidigen wußten. Dem Papst wird gerade noch die Aufgabe zugebilligt, »gleich Mose die Hände zu Gott emporzuheben«. Karl der Groß aber mutet sich die Aufgabe zu, »die Kenntnisse des katholischen Glaubens zu festigen« und die dazu erforderlichen Maßnahmen (etwa Besetzung der Bischofsstühle und Abteien) zu treffen. Hier bereits werden jene Konturen kräftig sichtbar, die schließlich zum Investiturstreit führten.

Der Apostel Petrus überreicht Papst Leo III. (759 – 816) das Pallium (Symbol der geistlichen Gewalt) und Kaiser Karl dem Großen (768 – 814) das Reichsbanner (Symbol der weltlichen Gewalt). Mosaik, entstanden um 800, in der von Papst Leo III. erbauten Halle des Lateranpalastes/Rom. ▷

SCS PETRVS
SCISSIMVS DN LEO PP
DN CARVLO REGI
BEATE PETRE DONAS VITA LEONI PP BICTO

8. Das dunkle Säkulum der Papstgeschichte

»Ich werfe dir vor, daß du nicht liebst wie früher. Bedenke, von welcher Höhe du gefallen bist. Kehr um und handle wieder wie früher! Sonst werde ich kommen und deinen Leuchter von seiner Stelle rücken, wenn du nicht umkehrst« (Offb 2, 4–5).

Seit die Päpste deutsche Könige und Kaiser als »Schutzherren« der Kirche und ihrer eigenen Sicherheit auserkoren hatten, waren sie in den Aufstieg, aber auch in den Niedergang dieser Herrscher verwickelt. Dabei war ein Aufstieg der weltlichen Herrscher nicht immer ein Vorteil für die Päpste, wie auch ein Niedergang der kaiserlichen Macht nicht immer ein Nachteil der Päpste war. Gewiß konnten starke Könige und Kaiser Papst und Kirche schützen und die Ausbreitung der christlichen Mission fördern. Gleichzeitig waren aber die Päpste nicht selten dem Zugriff allzu starker Kaiser ausgeliefert. Waren jedoch die politischen Herrscher schwach, konnten die Päpste ihren Freiheits- und Machtbereich festigen und ausbreiten. Gleichzeitig gerieten sie mit dem Machtstreben italienischer Herrscherhäuser, vor allem römischer Adelsparteien in Konflikt, die in deutschen Königen und Kaisern eine Fremdmacht sahen.

Die deutschen Herrscher hatten durchgesetzt, daß die Konsekration eines neuen Papstes erst dann stattfinden dürfe, wenn dieser ausdrücklich vom Kaiser bestätigt worden war und ihm gegenüber das Treuegelöbnis abgelegt hatte. Zunehmend versuchten die Päpste ihre Eigenmächtigkeit unter Berufung auf eine höhere und ältere Autorität abzusichern, indem sie sich auf die Konstantinische Schenkung (Constitutum Constantini) beriefen, eine geschickte und folgenschwere Fälschung, die in der ersten Hälfte des Zeitraumes zwischen 750 und 850 wohl in den Kanzleien der Päpste Stephan II. (752–757) oder Paul I. (757–767) entstanden sein dürfte. Die Päpste pochten unter Hinweis auf die Konstantinische Schenkung, wonach Kaiser Konstantin I., der Große, dem Papst Silvester I. (314–355) die Herrschaft über das ganze Abendland verliehen hatte, auf ihr »verbrieftes Recht« des absoluten Vorrangs über alle Herrscher des Abendlandes.

Papstliste des 9. Jahrhunderts

Stephan IV.	816–817
Paschalis I.	817–824
Eugen II.	824–827
Valentin	827
Gregor IV.	827–844
Johannes	844

Sergius II.	844–847
Leo IV.	847–855
Benedikt III.	855–858
Anastasius	855
Nikolaus I.	858–867
Hadrian II.	867–872
Johannes VIII.	872–882
Marinus I.	882–884
Hadrian III.	884–885
Stephan V.	885–891
Formosus	891–896
Bonifaz VI.	896
Stephan VI.	896–897
Romanus	897
Theodor II.	897
Johannes IX.	898–900
Benedikt IV.	900–903
Leo V.	903
Christophorus	903–904

Überblickt man die Papstliste des 9. Jahrhunderts, so fällt ein Zweifaches auf. Bis auf wenige Ausnahmen – Marinus I. (882–884) gebürtig aus Gallese/Toskana, Romanus (897) gebürtig aus Gallese/Toskana, Johannes IX. (898–900) gebürtig aus Tivoli, Leo V. (903) gebürtig aus Ardea – waren alle Päpste dieser Epoche gebürtige Römer. Zum andern fällt auf, daß nur einem einzigen Papst, Gregor IV. (827–844), ein über zehn Jahre hinausreichendes Ponifikat zur Verfügung stand. Bei kurzen Pontifikaten – Papst Bonifaz VI. (896) nur zwei Wochen, Papst Romanus (897) nur vier Monate, sein Nachfolger Theodor II. (897) knapp ein Monat! – war es eine fast selbstverständliche Konsequenz, daß entscheidende Orientierungen des christlichen Glaubens wie der Kirchen- und Personalpolitik nicht gesetzt werden konnten. Anstehende Entscheidungen mußten nicht selten verschoben werden. Sie wurden meist zu spät in Angriff genommen oder haben eine Atmosphäre geschaffen, die der Kirche zum Schaden gereichte.

Die Geschichtsfälschung, die der polnische Dominikaner-»Historiker« Martin von Troppau († 1278) durch sein mit Fabeln und Anekdoten allzu reichlich geschmücktes Werk »Chronicon summorum pontificum imperatorumque« in die Welt setzte, hat nach Papst Leo IV. (847–855) eine Päpstin Johanna eingefügt. Erstmals hat um 1250 der Dominikaner Jean de Mailly dieses »Geschichtchen« vertreten. Vielleicht kann darin ein Niederschlag an das »Dunkle Jahrhundert« mit dem berüchtigten Weiberregiment in Rom gesehen werden, nicht aber eine Gestalt der verbürgten Papstgeschichte.

Papst Nikolaus I. und die Ostflanke Europas

Mit Nikolaus I. (858–867) ist die wohl stärkste Persönlichkeit des Frühmittelalters zur Regierung der Kirche gekommen. Wenngleich er in Anwesenheit des deutschen Kaisers Ludwig II., des Deutschen (843–876), am 24. April 858 in Rom zum Papst gewählt wurde, war Nikolaus I. alles andere als ein kaiserlicher Vasall. Erstmals ließ er sich »Stellvertreter Christi« titulieren. »Er prägte die Petrus-Kirche der Anfänge nach einer Vorbereitung von neun Jahrhunderten endgültig zur Kirche des Jurisdiktions-Primats, zur Rom-Kirche als Machtfaktor um« (Hans Kühner).

Er handelte und argumentierte aus dem stolzen Selbstbewußtsein, Stellvertreter Christi zu sein, wie dies in den Auseinandersetzungen mit der Missions- und Kirchenpolitik der byzantinischen Kaiser und der Patriarchen von Konstantinopel sichtbar wurde. Das Schlachtfeld dieser zwischen Rom und Konstantinopel ausgetragenen Machtkämpfe war das Missionsgebiet Bulgarien.

Gewiß sprachen die aus dem bayerisch-fränkischen Raum wie die von Rom und auch von Konstantinopel ausgesandten Glaubensboten alle von der Heilsbotschaft des Friedensfürsten Jesus Christus. Es zeigte sich aber immer deutlicher, daß man zwar unisono von Christus sprach, aber damit recht handfeste Machterweiterung anstrebte und zwar auf Kosten der beiden anderen Missionspartner. Verwoben in diese Missionskämpfe waren die beiden Slawenapostel, das aus Thessalonike stammende Brüderpaar Kyrill-Konstantin († 869) und

Papst Nikolaus I. (858 – 867).

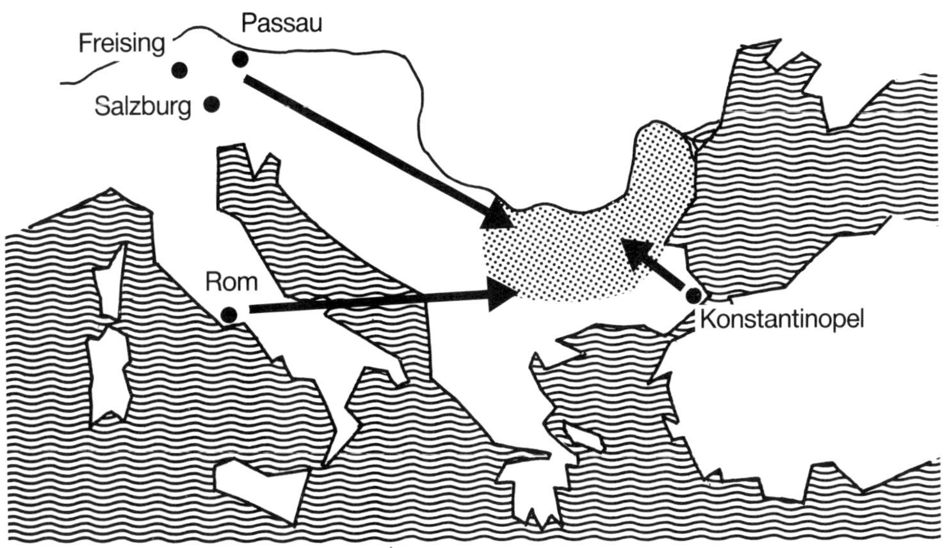

Bulgarien im Zentrum der fränkischen, römischen und byzantinischen Mission und Politik

Methodius († 6. April 885). Wie verbissen damals um das machtpolitische Terrain gekämpft wurde, bestätigt die Tatsache, daß der durch Papst Johannes VIII. (872–882) zum Päpstlichen Legaten und Erzbischof ernannte Methodius durch den Salzburger Erzbischof Adalwin auf die Synode nach Regensburg (870) zitiert, dort öffentlich ausgepeitscht und schließlich drei Jahre lang wohl im Kloster Ellwangen inhaftiert wurde.

Papst Nikolaus I. fand seinen großen, theologisch versierten und kirchenrechtlich geschulten Gegenspieler in Photios, dem Patriarchen von Konstantinopel (858–867). Neben machtpolitischen Fragen waren es theologische Differenzen (vor allem in der Ausdeutung des Dreifaltigkeitsgeheimnisses und der von der Westkirche vertretenen Formulierung »filioque«, wonach der Heilige Geist vom Vater und Sohn zugleich hervorgeht), die zu recht unbrüderlichen Entscheidungen führten: Papst Nikolaus I. ließ durch eine römische Synode (863) den Patriarchen Photios für abgesetzt erklären. Photios schlug zurück und ließ auf einer Synode in Konstantinopel die Absetzung des Papstes verkünden. Erhebliche Störungen haben seither das Verhältnis Rom (Westkirche) – Konstantinopel (Ostkirche) belastet. Sie sind nicht ausgeräumt worden. Im Gegenteil, sie haben sich verschärft, bis es schließlich 1054 zum offenen Bruch und zur gegenseitigen Bannung kam. Gerade wegen dieser kirchenpolitischen Hypothek mit verhängnisvollen Konsequenzen kann die bisher fast unangefochtetene Bedeutung des Papstes Nikolaus I. nur mit Zurückhaltung, vielleicht sogar nur mit Einschränkung und dem Mut zur Revision festgehalten werden.

Das makabre Schauspiel der Leichensynode

Man muß in der großen Profangeschichte lange suchen, um ein ähnliches Ereignis zu entdecken, das sich im Rom des Jahres 897 abgespielt hat, nachdem Papst Formosus bereits neun Monate im Grab lag († 4. April 896). Weil dieser zwar ehrgeizige, aber sittenreine Papst eine wenig geradlinige Politik mit nicht wenigen heimlichen Abmachungen

Papst Hadrian II. (867–872). Die Abbildung, die keineswegs ein Porträt vermittelt, nennt ihn den 108. Papst im Jahr seiner Wahl 867.

betrieb, krönte er unter dem Druck der Partei der Spoletaner zunächst 892 den Herzog Guido von Spoleto zum Kaiser. Als aber der Druck der Spoletaner übergroß wurde, rief er den ostfränkischen König Arnulf um Hilfe und krönte diesen 896 zum Zeichen des Dankes ebenfalls zum Kaiser.

Der rührigen Partei der Spoletaner gelang es, eine ihr verfallene, erbärmliche Kreatur als Papst Stephan VI. (896–897) wählen zu lassen und gleichzeitig ihn zur Rache gegen den verstorbenen Papst Formosus (891–896) zu nötigen. Was dabei geschah, ist in die Papstgeschichte als Greuel einer zynischen Leichenschändung eingegangen. Die halbverweste Leiche des Papstes Formosus wurde aus dem Sarg gerissen, mit den päpstlichen Gewändern bekleidet und auf den päpstlichen Thron gesetzt. Dann wurde ein regelrechtes Gerichtsverfahren gegen sie abgehalten. Nach dem ohnehin vorauszusehenden Schuldspruch wurden der verwesten Leiche die Pontifikalgewänder heruntergerissen, die Finger der rechten Schwurhand abgehackt, die von diesem Papst erteilten Weihen als ungültig erklärt und die Leiche schließlich in den Tiber geworfen (später wurde die Leiche in St. Peter in Rom wieder beigesetzt).

Der Leichenschänder Stephan VI. hat diesen Frevel nur wenige Monate überlebt. Er ist keines natürlichen Todes gestorben. Er wurde als Papst abgesetzt, ins Gefängnis geworfen und dort erdrosselt. Die Papstgeschichte ist wahrhaftig keine Geschichte der Engel und Heiligen. Auch sie kennt Epochen, die randvoll sind der Menschlichkeiten, der Erbärmlichkeiten und der Schurkerei, zu denen Menschen fähig sind.

Das Weiberregiment

Die »Leichensynode« des Jahres 897 bildete nur die Ouvertüre zu jenen Ereignissen, die im 10. Jahrhundert zur Tragödie oder (wie immer man es sehen und bewerten mag) zum Possenspiel der Kirche gehören. Gewiß haben damals auch aufgestaute Reaktionen gegen die germanische Fremdherrschaft und die Sehnsucht nach Selbstbestimmung und nationaler Wiedergeburt eine nicht geringe Rolle gespielt. Letztlich aber war es die Geld- und Machtgier römischer Adelsgeschlechter, die die Institution des Papsttums für ihre erbärmlichen Zwecke schändlich mißbrauchte.

Päpste des 10. Jahrhunderts:

Sergius III.	904–911
Anastasius III.	911–913
Lando	913–914
Johannes X.	914–928
Leo VI.	928
Stephan VII.	928–931
Johannes XI.	931–935
Leo VII.	936–939
Stephan VIII.	939–942
Marinus II.	942–946
Agapet II.	946–955
Johannes XII.	955–964
Leo VIII.	963–965
Benedikt V.	964
Johannes XIII.	965–972
Benedikt VI.	973–974
Bonifaz VI.	974
Benedikt VII.	974–983
Johannes XIV.	983–984
Bonifaz VII.	984–985
Johannes XV.	985–996

Nicht wenige Historiker haben die chronique scandaleuse des Papsttums mit wonnigem Zynismus ausgebreitet. Das Hurenleben der damals in Rom stadtbekannten »Damen«, Theodora der Älteren (in erster Ehe mit dem Grafen Theophylakt, in zweiter Ehe mit dem Markgrafen Adalbert von Tuscien verheiratet) und ihre beiden Töchter Theodora, die Jüngere, und Marozia haben sie in allen Details geschildert. Mit Liebesabenteuern wie mit Gift und Mord wurden damals Kirchenpolitik und Papsternennungen betrieben. Marozia setzte ihren Sohn als Johannes XI. (931–935) auf den päpstlichen Thron. Ihr anderer Sohn Alberich II. hielt seine eigene Mutter und seinen Papst-Bruder in der Engelsburg gefangen. Bis 954 war Alberich II. der eigentliche Beherrscher der Stadt Rom und der unumschränkte »Macher« der Päpste. Es war seine letzte Untat, seinen siebzehnjährigen Sohn zum Papst – Johannes XII. (955–964) – wählen zu lassen. »Der liederliche Junge verspielte das letzte Ansehen des höchsten Amtes. Es war noch das geringste, daß der Jäger und Würfelspieler Jupiter und Venus anrief, auf des Teufels Minne trank, einen zehnjährigen Knaben zum Bischof und einen Diakon im Pferdestall weihte. Der Wüstling war ein Spott auf den Helden, den es eben jetzt bedurft hätte« (Joseph Bernhart).

Es mutet seltsam an, daß in manchen damaligen Beherrschern der Kirche zwei recht verschiedene Herzen schlugen. Alberich II. († 31. August 954), der das Papsttum als Versorgungsinstitut seiner Söhne mißbrauchte, stand – wie es überlieferte Geschichte belegt – in freundschaftlicher Beziehung zu dem großen Reform-Abt Odo von Cluny (926–942). Er hat die cluniazensische Kloster- und Kirchenreform, die dem Motto »Reinheit und Freiheit der Kirche« sich verschrieben hatte, wesentlich gefördert.

Kaiser Otto I. (936 – 973). Sogenannter Sachsenpfennig, geprägt in Magdeburg, mit dem Namen des Kaisers im Mittelfeld der Münze.

Es mutet nicht minder kurios an, daß ausgerechnet Papst Johannes XII. (955–964) dem deutschen König Otto I. (936–973) 960 die egoistische, aber religiös elegant garnierte Bitte übermitteln ließ, er möge aus Liebe zu Gott nach Italien kommen um die Kirche (letztlich ihn selbst) aus der Gewalt politischer Widersacher zu befreien und die alte Freiheit wiederherzustellen.

9.
Deutsche Päpste des 10./11. Jahrhunderts

»Ordnet euch um des Herrn willen jeder menschlichen Ordnung unter: dem Kaiser, weil er über allen steht, den Statthaltern, weil sie von ihm entsandt sind, um den zu bestrafen, der Böses tut, und den auszuzeichnen, der Gutes tut... Handelt als Freie, aber macht nicht die Freiheit zum Deckmantel für das Böse; sondern handelt als Knechte Gottes!«
(1 Petr 2, 13–16)

Um Hintergründe und Auslösungsmomente des »Dunklen Jahrhunderts« der Kirchengeschichte verstehen und werten zu können, muß man die mehr und mehr aufkommende italienisch-nationale Antihaltung gegen die deutschen Könige und Kaiser als fremdländische Machthaber berücksichtigen. Allzu schnell zeigte es sich aber, daß wahre und dauerhafte »Schutzherren« der Kirche nicht kleine Adelsgeschlechter sein können, die mit wechselndem Glück bald siegen, bald besiegt werden. In die Kurzlebigkeit ihrer Erfolge wie ihrer Niederlagen reißen sie immer auch die von ihnen protegierten Päpste hinein. Die Kirchengeschichte liefert den Beweis, daß nur mächtige, im gesamten Abendland anerkannte Herrscherhäuser, deren politische Macht politische Kontinuität erhoffen läßt, auf Dauer der Wirksamkeit als »Schutzherren« der Kirche gewachsen sind.

Papstliste des 10./11. Jahrhunderts

Nur drei Päpsten – Benedikt VIII. (1012 – 1024), Benedikt IX. (1033–1045) und Alexander II. (1061–1073) – war eine über zehnjährige Regierungszeit beschieden. Einige Päpste wie Johannes XVII. (1003), Silvester III (1045) und Damasus II. (1048) haben nur einige Wochen bzw. Monate regiert. Neben sieben deutschen Päpsten ist auch ein aus Frankreich stammender Papst – Silvester II. (999–1003) – zu entdekken. Unter den aus Italien (bzw. Rom) kommenden Päpsten stammen drei – Benedikt VIII. (1012 – 1024), Johannes XIX. (1024 – 1032) und Benedikt IX. (1032 – 1045) –, die in unmittelbarer Reihenfolge regierten, aus dem Grafengeschlecht von Tusculum.

Nicht unerwähnt soll bleiben, daß dem Gegenpapst Johannes (997–998) die Bezeichnung Johannes XVI. gegeben wurde. Seither erhielten in den Papstlisten alle nachfolgenden Johannes-Päpste eine falsche Zählung (dem 1003 gewählten Papst Johannes wurde nicht die Zahl XVI., sondern die Zahl XVII. gegeben).

Papstliste des 10./11. Jahrhunderts

Gregor V.	996–999
Johannes XVI.	997–998
Silvester II.	999–1003
Johannes XVII.	1003
Johannes XVIII.	1003–1009

Papst Silvester I. (999 – 1003).
Farbzeichnung aus dem 14. Jahrhundert (Nationalbibliothek/Paris).

Sergius IV.	1009–1012	**Damasus II.**	1048
Benedikt VIII.	1012–1024	**Leo IX.**	1049–1054
Gregor	1012	**Viktor II.**	1055–1057
Johannes XIX.	1024–1032	**Stephan IX.**	1057–1058
Benedikt IX.	1032–1045	**Benedikt X.**	1058–1059
Silvester III.	1045	**Nikolaus II.**	1058–1061
Gregor VI.	1045–1046	**Alexander II.**	1061–1073
Klemens II.	1046–1047	Honorius II.	1061–1072

Eine recht seltsame Figur in der Papstliste des 11. Jahrhunderts ist der aus dem Grafengeschlecht der Tuskulaner stammende Benedikt IX. (1032–1045). Es war Alberich III., der seinen Sohn mit nicht unerheblichen Bestehungsgeldern zum Papst wählen ließ. Ihm selbst scheint wohl die Lust am Papsttum im Laufe der Jahre vergangen zu sein. Am 1. Mai 1045 verkaufte er um die damals durchaus erkleckliche Summe von 1000 Pfund Silber regelrecht sein päpstliches Amt an seinen Taufpaten Johann Gratian, der sich Gregor VI. (1045 – 1046) nannte. Für die hohe Abfindungssumme hat dieser nur reichlich kurze Zeit als Papst wirken können!

Die Bezeichnung »deutsche« Päpste darf nicht im Sinne der heutigen Landesgrenzen verstanden werden. Vielmehr bildet das Gebiet des damaligen Heiligen Römischen Reiches die Voraussetzung dafür (so daß vielfach auch der aus der niederländischen Stadt Utrecht stammende Papst Hadrian VI. 1522 – 1523 den deutschen Päpsten zugerechnet wird).

Ein Thema der Papstgeschichte soll bereits hier kurz angesprochen werden. Im 14. Jahrhundert gab es zwischen 1305 und 1378 in unmittelbarer Reihenfolge sieben französische Päpste. Sie residierten fast 70 Jahre (1305 bzw. 1309 bis 1377) in Avignon und standen in starker Abhängigkeit vom französischen König. Diese Zeit wird häufig »Babylonische Gefangenschaft der Päpste« bezeichnet. Müßte nicht ebenso angesichts der sieben deutschen Päpste des 10./11. Jahrhunderts von einer »Gefangenschaft der Päpste unter deutscher Herrschaft« gesprochen werden?

Ohne Zweifel haben die deutschen Kaiser damals recht deutlich in die Papstwahlen einge-

Deutsche Päpste

Kaiser	*Päpste*
Otto III. (983–1002)	
	Gregor V. (996–999) (= Bruno von Kärnten)
Heinrich II. (1002–1024)	
Konrad II. (1024–1039)	
Heinrich III. (1039–1056)	
	Klemens II. (1046–1047) (= Bischof Suitger von Bamberg, Graf von Morleben und Hornburg)
	Damasus II. (1047–1048) (= Poppo, Bischof von Brixen)
	Leo IX. (1048–1054) (= Bischof Bruno von Toul, Graf von Egisheim-Dagsburg/Elsaß)
	Viktor II. (1055–1057) (= Bischof Gebhard von Eichstätt, Graf von Dollnstein-Hirschberg)
Heinrich IV. (1056 – 1106)	**Stephan IX.** (1057–1058) (= Friedrich von Lothringen, Abt von Monte Cassino)
	Nikolaus II. (1058–1061) (= Gerhard von Burgund, Bischof von Florenz)

Grabtumba des deutschen Papstes Klemens II. (1046–1047), des ehemaligen Bischofs Suitger von Bamberg, im westlichen Peterschor des Bamberger Doms.

wirkt. Die kurzen Regierungszeiten der deutschen Päpste haben jedoch eine machtpolitische Verfilzung des Papstums mit dem Kaiserhaus der Ottonen nicht entstehen lassen. Vielleicht legt man allzu leicht modern-nationale Auffassungen in Entscheidungen früherer Jahrhunderte, die keineswegs vom Nationalgedanken geprägt waren. Es ist übrigens bemerkenswert, daß nach dem Willen des deutschen Kaisers Otto III. (983–1002), der sich durch Abt Odilo von Cluny beraten ließ, auf den ersten deutschen Papst Gregor V. (996–999) der Franzose Gerbert von Aurillac als Papst Silvester II. (999–1003) gewählt wurde. Wer nicht von einer Gefangenschaft der Päpste unter der deutschen Kaisermacht sprechen will, sollte um der Gerechtigkeit, gewiß auch um der geschichtlichen Wahrheit willen nachdenken, ob man so selbstverständlich von der »Gefangenschaft der Päpste unter den französischen Königen« sprechen darf!

Man sollte auch wissen, daß der für die clunianzensische Kirchen- und Klosterreform überaus aufgeschlossene deutsche König Heinrich III. (1039–1056) sich durch einen aus Italien kommenden Hilferuf (vielleicht verfaßt von dem Eremiten Gunther) innerlich genötigt sah, in Rom für die Reinheit und Freiheit der Kirche zu sorgen: »Ein Papst drängt sich neben den anderen... Laß dich nieder zum Gericht, König Heinrich, an Stelle des allmächtigen Gottes! Mach ein Ende diesem zweifelhaften dreifachen Ehebund der römischen Kirche – gemeint sind die Päpste Benedikt IX. (1032–1045), Silvester III. (1045) und Gregor VI. (1045–1046) –... ein würdiger Papst soll auserkoren werden«.

Der Bruch mit der Ostkirche (1054)

Was am Samstag, dem 16. Juli 1054, geschah, als der vom deutschen Papst Leo IX. (1049 – 1054) beauftragte Kardinal Humbert von Silva Candida († 1061) auf den Hauptaltar der Hagia Sophia in Konstantinopel die Bannbulle niederlegte, hat eine lange Vorgeschichte, die sich auf recht unterschiedlichen, religiösen, kulturellen und politischen Ebenen vollzogen hat. Unmittelbar vorausgegangen sind psychologische Unklugheiten, sichtliche Lieblosigkeiten und Schroffheiten, an denen die beiden Hauptkontrahenten, Kardinal Humbert wie auch der Patriarch Kerullarios von Konstantinopel, ein gerütteltes Maß an Schuld haben. Ein Kompromiß war vor allem wegen der persönlichen Konfrontationen nicht mehr möglich. »Die Vehemenz, mit der gesprochen und gehandelt wurde, war neu und unerhört, das Repertoire der gegenseitigen Vorwürfe wesentlich erweitert..., die Generalisierung grotesk. Der kalte Krieg zwischen den beiden Hierarchien mußte sich, was immer man für Folgerungen aus den Geschehnissen zog, wesentlich versteifen, die Aufrüstung wurde auf beiden Seiten nachdrücklich weitergetrieben« (Friedrich Kempf).

Es ist juristisch die durchaus berechtigte Frage aufgeworfen worden, ob die am 16. Juli 1054 niedergelegte Bannbulle überhaupt Gül-

Der deutsche Papst Leo IX. (1048–1054)

Innenansicht der Hagia Sophia in Konstantinopel (Istanbul), 537 als christliche Kathedralkirche eingeweiht, 1453 in eine islamische Moschee umgewandelt, seit 1935 Museum. ▷

tigkeit beanspruchen kann, da Papst Leo IX. bereits am 19. April 1054 gestorben war. Man kann sich nur schwer vorstellen, daß Kardinal Humbert auch im fernen Konstantinopel über drei Monate hinweg nichts vom Tod des Papstes, seines Auftraggebers, erfahren habe. Sind aber nicht alle Anordnungen eines Papstes mit ihm »gestorben«, d.h. während der Sedisvakanz (bis zur Wahl des neuen Papstes, der erst am 16. April 1055 als Viktor II. gewählt wurde) in ihrer Ausführung auszusetzen?

Gleichgültig, ob man für die Gültigkeit oder für die Ungültigkeit der ausgefertigten und niedergelegten Bannbulle und damit der verhängten Exkommunikation plädiert, im Laufe der Geschichte kam es schließlich zur Trennung der Ostkirche von der Westkirche (Morgenländisches Kirchenschisma). Über 900 Jahre hat es gedauert, bis es am 7. Dezember 1965, dem vorletzten Tag des 2. Vatikanischen Konzils (1962/65), zur Aufhebung der gegenseitigen Exkommunikation zwischen Rom (Papst Paul VI.) und der Ostkirche (Patriarch Athenagoras I.) kam. Damit ist auf dem beschwerlichen Weg zur kirchenrechtlichen und theologischen Einheit der Westkirche und der Ostkirche ein erstes Hindernis aus dem Weg geräumt worden.

Papst Klemens II.
(1046 – 1047)

Papst Damasus II.
(1047 – 1048)

Papst Leo IX.
(1048 – 1054)

Papst Viktor II.
(1055 – 1057)

Papst Stephan IX.
(1057 – 1058)

Papst Nikolaus II.
(1058 – 1061)

Deutsche Päpste des 11. Jahrhunderts

10. Aufstieg und Macht der Cäsaren-Päpste

»Steck dein Schwert in die Scheide; denn alle, die zum Schwert greifen, werden durch das Schwert umkommen« (Mt 26, 52).
»Meine Königsherrschaft ist nicht von dieser Welt« (Joh 18, 36).

Mit Papst Gregor VII. (1073–1085) kündigt sich die Epoche des Aufstiegs zur geschichtlich größten und umfassendsten Machtstellung an, den Petrusnachfolger je erreicht haben. Nicht mit Unrecht wurde den römischen Bischöfen des 12. und 13. Jahrhunderts, unter denen Innozenz III. (1198–1216) und Bonifaz VIII. (1294–1303) herausragen, die Bezeichnung »Cäsaren-Päpste« gegeben. Sie fühlten sich als Weltherrscher und haben als solche auch gehandelt.

Im 11. Jahrhundert löste die Parole »Für Reinheit und Freiheit der Kirche« eine tiefgreifende Kloster- und auch Kirchenreform aus. Die Ära Hildebrands (= Papst Gregor VII.) hat ihr entscheidendes Fundament bereits unter Papst Nikolaus II. (1059–1061) durch das 1059 erlassene Papstwahldekret erhalten.

Das Papstwahldekret (1059)

Über tausend Jahre war die Wahl des Papstes als Bischof von Rom mehr durch die überlieferte Praxis und Gewohnheit als durch präzise Gesetze bestimmt. In der ur- und frühkirchlichen Zeit haben Geistlichkeit und Volk von Rom »ihren« Bischof gewählt. Später haben auswärtige Interessenten wie Adelsparteien und Herrscherhäuser recht kräftig bei Papstwahlen »mitgemischt« um zur Sicherung ihrer Macht auch den ihnen gewogenen Kandidaten auf den päpstlichen Thron zu erheben. Es waren nicht zuletzt deutsche Könige und Kaiser, die sich 842 und 962 ein Mitbestimmungs- und Bestätigungsrecht gesichert hatten. Die Kaiser Otto I. (936–973) und Heinrich IV. (1056–1106) haben sich selbst die Ermächtigung erteilt, Päpste abzusetzen und Päpste einzusetzen.

Der Ruf nach »Freiheit der Kirche« (libertas ecclesiae), erwachsen aus einem reflektierten und gefestigten, neuen Selbstverständnis der Kirche, zielte darauf ab, jeden Fremdeinfluß auf innerkirchliche Entscheidungen (z. B. auf Konzilien) abzuschütteln, freie Papst- und Bischofswahlen zu garantieren und jegliche Form der Laieninvestitur grundsätzlich und für immer zu verbieten. Eine Zusammenfassung dieser Forderungen stellt das lateinisch abgefaßte Papstwahldekret »In nomine Domini« dar, das auf der Ostersynode im Lateran/Rom 1059 durch Papst Nikolaus II. (1058–1061) verkündet wurde, der sich darin »Bischof der heiligen, apostolischen und katholischen Römischen Kirche« nannte.

Im Namen des Herrn unseres Gottes, des Erlösers Jesus Christus, im Jahre 1059 der Fleischwerdung, im Monat April, in der 12. Indikation, im Angesicht der hochheiligen Evangelien, hat... der ehrwürdige Papst kraft seiner apostolischen Autorität über die Wahl des Papstes folgendes erklärt...

§ 1. Beim Tode des Papstes dieser Römischen allgemeinen Kirche sollen zuerst die Kardinalbischöfe in sorgfältigster Beratung miteinander verhandeln, dann die Kardinalkleriker hinzuziehen, und darauf soll der übrige Klerus und das Volk der neuen Wahl beitreten.

§ 2. Damit die Krankheit der Käuflichkeit sich nicht bei der ersten besten Gelegenheit einschleicht, sollen religiöse Männer (religiosi viri) bei der Papstwahl die Führung haben, die andern sollen ihnen Gefolgschaft leisten. Sicherlich wird man diese Wahlordnung für richtig und gesetzmäßig halten, wenn man unter der Berücksichtigung der Regeln und Taten verschiedener Väter auch jenen Satz des Heiligen Vorgängers Leo beachtet: Niemand soll als Bischof angesehen werden, der weder von Klerikern gewählt, noch von dem Volke gefordert, noch von den Provinzialbischöfen mit Zustimmung des Metropoliten geweiht wurde. – Weil aber der Apostolische Stuhl höher als alle Kirchen des Erdkreises ist und deshalb keinen Metropoliten über sich haben kann, so vertreten die Kardinalbischöfe ohne Zweifel die Stelle des Metropoliten, wenn sie nämlich den erwählten Papst zur Höhe des Apostolischen Stuhles befördern.

§ 3. Man soll jemanden aus dem Schoße der Römischen Kirche selbst wählen, wenn sich dort ein Tauglicher findet, sonst möge man ihn aus einer andern Kirche nehmen.

§ 4. Die Wahl soll geschehen unbeschadet der schuldigen Achtung und Ehrerbietung gegen unseren geliebten Sohn Heinrich, der jetzt als König gilt und hoffentlich mit Gottes Zulassung Kaiser wird, wie Wir es ihm bereits zugestanden haben, und gegen seine Nachfolger, die persönlich das gleiche Recht vom Apostolischen Stuhl erhalten haben.

§ 5. Wenn aber die Verkehrtheit schlechter und gottloser Menschen so groß geworden ist, daß eine reine, ehrliche und nicht erkaufte Wahl in Rom nicht stattfinden kann, so sollen die Kardinalbischöfe mit den übrigen Kardinälen und katholischen Laien, wenn es auch nur wenige sind, das Recht und die Vollmacht erhalten, den Papst des Apostolischen Stuhles dort zu erwählen, wo sie es für besser halten.

Papstliste bis zur Mitte des 12. Jahrhunderts

Mit Gregor VII. (1073–1085) beginnt eine Papstliste, in der sich bis zur Mitte des 12. Jahrhunderts neben zehn rechtmäßigen Päpsten auffallend viele, nämlich acht Gegen-Päpste finden. Allein diese Tatsache macht deutlich, daß trotz des 1059 veröffentlichten Papstwahldekrets die deutschen Kaiser Heinrich IV. (1056–1106) und seine Nachfolger Heinrich V. (1106–1125), Lothar II. (1125–1137) und der Hohenstaufer Konrad III. (1138–1152) sich daran nicht gehalten haben, sondern nach ihrem Kalkül (Gegen-)Päpste einsetzten und rechtmäßig gewählte Päpste absetzten.

Gregor VII.	1073–1085
Klemens III.	1084–1100
Viktor III.	1086–1087
Urban II.	1088–1099
Paschalis II.	1099–1118
Theoderich	1100–1102
Albert	1102
Silvester IV.	1105–1111
Gelasius II.	1118–1119
Gregor VIII.	1118–1121
Kallistus II.	1119–1124
Honorius II.	1124–1130
Cölestin II.	1124
Innozenz II.	1130–1143
Anaklet II.	1130–1138
Viktor IV.	1138
Cölestin II.	1143–1144
Lucius II.	1144–1145

Kaiser Heinrich IV. fleht (Januar 1077) die Gräfin Mathilde von Tuscien, die Besitzerin der Burg Canossa, und Abt Hugo I. von Cluny um Fürsprache beim Papst Gregor VII. an. Miniatur aus einer im 12. Jahrhundert aufgezeichneten »Vita Mathildis« (Vatikanische Bibliothek/Rom).

Statistiker der Papstnamen (Bernd-Ulrich Hergemöller) haben aufmerksam gemacht, daß gerade in dieser Papstreihe ein deutliches »Zweier-Schema« sich findet. Unter den zehn (rechtmäßigen) Päpsten bezeichnen sich acht als II.: Urban, Paschalis, Gelasius, Kallistus, Honorius, Innozenz, Cölestin und Lucius. Es kann aber wohl kaum daraus geschlossen werden, das Zweier-Schema der gewählten Papstnamen veranschauliche und dokumentiere den gemeinsamen Wunsch nach einer allgemeinen kirchlichen Reform.

Die Ära Hildebrands

Papst Gregor VII. (1073 – 1085) hieß ursprünglich als Mönch des Klosters Cluny Hildebrand, so daß sein Pontifikat auch »Ära Hildebrands« bezeichnet wird. Der Name »Hildebrand« hat im Leben dieses Papstes wiederholt eine Rolle gespielt. Bei der Beisetzung des Papstes Alexander II. († 21. April 1073) rief das römische Volk: »Hildebrand soll Papst sein!« Auch das berühmt gewordene

(Januar 1076 abgefaßte) Schreiben des deutschen Königs Heinrich IV. zitiert bewußt den früheren Namen Hildebrand: »Heinrich, nicht aus Anmaßung, sondern durch Gottes weise Anordnung König, an Hildebrand, nicht mehr Papst, sondern den falschen Mönch«. Am Schluß dieses Schreiben findet sich die Aufforderung: »Steig herab! Steig herab! Du durch Jahrhunderte zu zu Verdammender!«

Hildebrand war unter fünf Päpsten theologischer und kirchenpolitischer Berater und daher wie kaum ein anderer Papst dieser Zeit in die kirchlichen Reformpläne ebenso eingeweiht wie in die von den deutschen Königen und Kaisern bekundete Opposition dazu. Als Papst hat er auf der Fastensynode in Rom (März 1075) sein kirchenpolitisches Programm in 27 Leitsätzen (»Dictatus papae« genannt) niedergelegt.

1. Die Römische Kirche ist von dem Herrn allein gegründet worden.
2. Der Römische Bischof allein darf der allgemeine Bischof genannt werden.
3. Nur jener kann Bischöfe absetzen oder wieder in die Gemeinschaft der Kirche aufnehmen.
4. Sein Legat soll allen Bischöfen auf dem Konzil vorsitzen, auch wenn er geringeren Ranges ist, und er kann über sie das Urteil der Absetzung aussprechen.
5. Der Papst vermag Abwesende abzusetzen.
6. Mit denen, die er in den Bann getan hat, soll man unter anderem nicht im gleichen Hause weilen.
7. Er allein darf, wenn es die Zeit erfordert, neue Gesetze geben, neue Gemeinden bilden, aus einem Chorherrenstift eine Abtei machen und andererseits ein reiches Bistum teilen und arme Bistümer zusammenlegen.
8. Er allein darf sich der kaiserlichen Insignien bedienen.
9. Des Papstes Füße allein haben alle Fürsten zu küssen.
10. Sein Name allein darf in den Kirchen genannt werden.
11. Dieser Name ist einzig in der Welt.
12. Ihm ist es erlaubt, Kaiser abzusetzen.
13. Ihm ist es gestattet, falls die Notwendigkeit dazu zwingt, Bischöfe von einem Sitze nach einem anderen zu versetzen.
14. Er kann einen Geistlichen von jeder Kirche senden, wohin er will.
15. Der von ihm Eingesetzte kann wohl einer anderen Kirche vorstehen, darf aber nicht dienen und soll auch nicht von irgendeinem Bischof einen höheren Rang annehmen.
16. Keine Synode darf ohne seine Einwilligung als eine allgemeine bezeichnet werden.
17. Kein Rechtssatz und kein Buch darf ohne seine Ermächtigung als kanonisch gelten.
18. Sein Ausspruch darf von keinem in Frage gestellt werden; er selbst darf allein die Urteile aller verwerfen.
19. Er selbst darf von niemand gerichtet werden.
20. Niemand unterfange sich, einen zu verurteilen, der an den Apostolischen Stuhl appelliert.
21. Alle wichtigeren Angelegenheiten einer jeden Kirche sollen dem Apostolischen Stuhl übertragen werden.
22. Die Römische Kirche hat sich nie geirrt und wird nach dem Zeugnis der Schrift nie in Irrtum verfallen.
23. Der Römische Bischof wird, falls seine Wahl kanonisch gültig erfolgt, unwzweifelhaft kraft der Verdienste des heiligen Petrus heilig, wie der heilige Bischof Ennodius von Pavia (gest. 521) bezeugt; ihm stimmen viele heilige Väter zu, wie man aus den Dekreten des seligen Papstes Symmachus (498–514) ersehen kann.
24. Nach seiner Entscheidung und mit seiner Erlaubnis ist es den Untertanen gestattet, Klage zu erheben.
25. Er vermag ohne Mitwirkung einer Synode Bischöfe abzusetzen und Gebannte wieder in die Gemeinschaft der Kirche aufzunehmen.
26. Niemand soll als Katholik gelten, der nicht mit der katholischen Kirche übereinstimmt.
27. Er vermag Untertanen von ihrer Treueverpflichtung gegen Ungerechte zu entbinden.

Kaiser Heinrich IV. (1056 – 1106). Aus Gold getriebene Plastik am Karlsschrein (1200 – 1215) im Dom zu Aachen. ▷

HEINRICVS·III·IMPERATOR·ROM

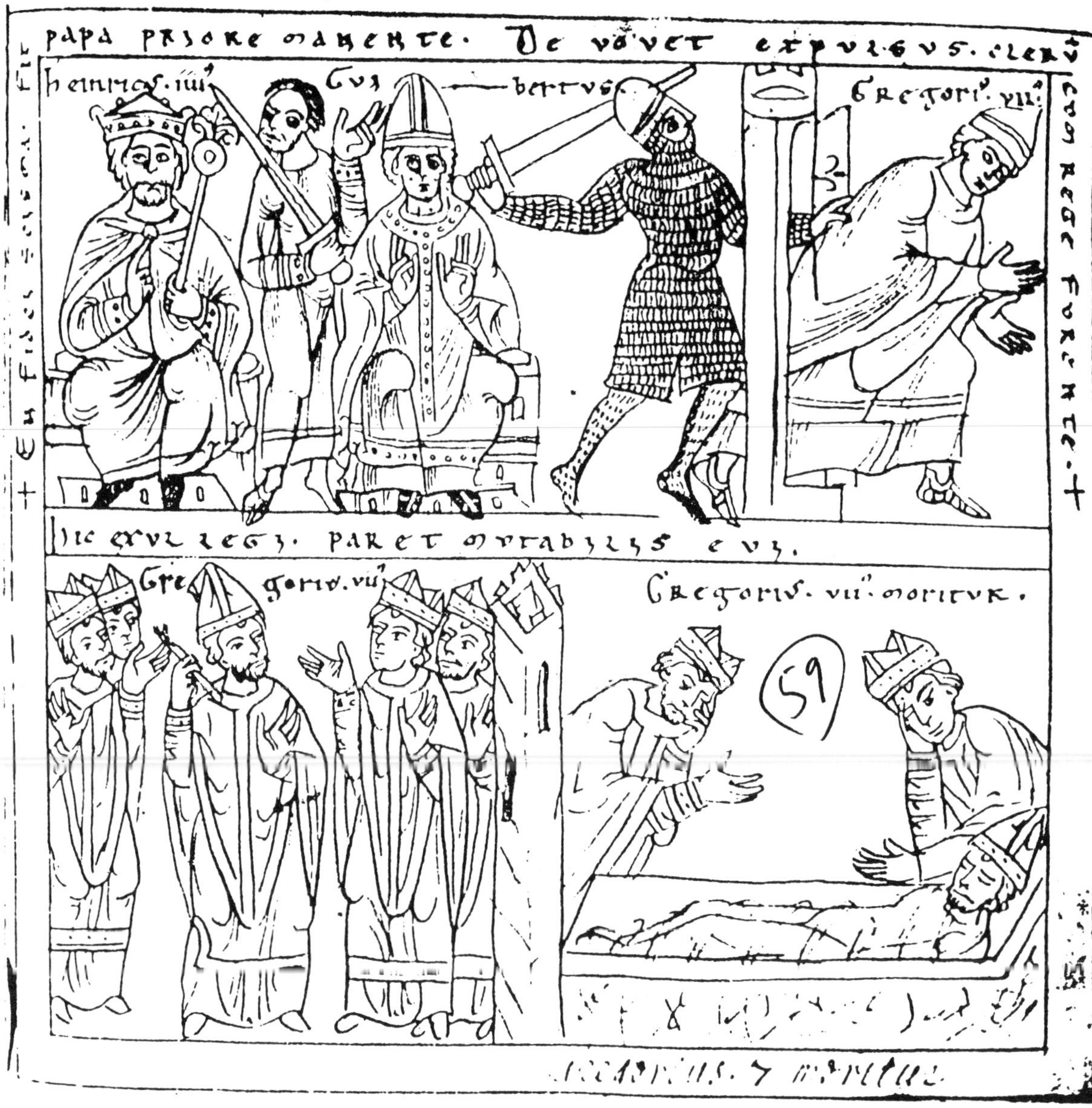

Papst Gregor VII.: Vertreibung durch Kaiser Heinrich IV. aus Rom, Wirken und Tod in Salerno. Zeichnung (12. Jahrhundert) aus dem Geschichtswerk »Chronicon«, einer 1143/46 aufgezeichneten Universalgeschichte, des Zisterzienser-Bischofs Otto von Freising (seit 1138). Universitätsbibliothek/Jena.

Gregor VII. ist gewiß ein für die Kirche, ihre Rechte und ihre Freiheit unerhört und leidenschaftlich Engagierter, ein fanatischer Gottgebundener, der nach der Gerechtigkeit hungert und dürstet. »Das Imperatorische in seinem Wesen erscheint nicht wie bei Cäsar oder Napoleon als Selbstherrlichkeit des menschlichen Genius; er lebt, handelt und gebietet aus der Kraft des andern, der seine Person ergriffen hat, um durch sie zu wirken« (Joseph Bernhart).

Der Dictatus papae (1075) hat den Investiturstreit keineswegs beendet, sondern mit voller Kraft entflammt. Eine dramatische Zuspitzung erhielt der Investiturstreit im Canossa-Gang des vom Papst gebannten Kaisers Heinrich IV. zu dem vom Kaiser abgesetzten Papst Gregor VII. Drei Tage – 25., 26. und 27. Januar 1077 – stand der Kaiser im Bußgewand vor den verschlossenen Toren der Burg Canossa, bis schließlich der Papst den Kaiser am 28. Januar 1077 einließ und vom Bann löste.

Canossa brachte aber keinen dauerhaften Frieden. Trotz der »Versöhnung« in Canossa haben Papst und Kaiser schon kurze Zeit später wiederum mit gegenseitiger Bannung und Absetzung reagiert. Heinrich IV. erhob den Erzbischof Wibert von Ravenna zum Gegenpapst Klemens III. (1084–1100). Papst Gregor VIII. mußte nach Salerno fliehen, wo er am 25. Mai 1085 mit den Worten starb: »Ich habe die Gerechtigkeit geliebt und das Unrecht gehaßt, darum sterbe ich in der Verbannung«.

Der Investiturstreit hatte keinen Sieger, aber auch keinen Besiegten. Vielmehr hat das Ansehen beider Mächte, des Papstes wie des Kaisers, im Bewußtsein des christlich-abendländischen Volkes schweren Schaden erlitten. Beide waren Verlierer. Der göttliche Glanz, der beide in den Augen des christlichen Volkes umstrahlte, begann zu verblassen.

Mit dem am 23. September 1122 abgeschlossenen Wormser Konkordat kam ein überaus stürmischer Reflexionsprozeß zu einem Ergebnis, das in der damaligen kirchenpolitischen Situation einen Kompromiß mit beiderseitigen Zugeständnissen bedeutet.

Päpste im Zeitalter der Kreuzzüge

Bereits unter Papst Gregor VII. (1073 – 1085) wurde 1073 das Heilige Land von seldschukischen Türken erobert. Nachdem er 1074 einen Kreuzzugaufruf erlassen hatte, der aber in der Wirren des damaligen Investiturstreits kaum gehört wurde, kam es nach einer 1095 energischen Predigt des Papstes Urban II. (1088 – 1099) zum ersten Kreuzzug (1096 – 1099). Das Abenteuer der sieben »klassischen« Kreuzzüge (1096 – 1270) war »primär ein religiöser Kampf – aber eben in den Formen der mittelalterlichen Religiosität, in der Gott und Welt zu einer ganz engen Einheit fest miteinander verbunden sind. Vorbilder im Kampf sind die heiligen Märtyrer, die ersten Kämpfer fürs Gottesreich« (Friedrich Heer).

Papst Eugen III.
(1145 – 1153)

Der große Prediger des zweiten Kreuzzugs (1147/49) war der Zisterzienserabt Bernhard von Clairvaux. In einem flammenden Brief hatte er sich an Papst Eugen III. gewandt: »... Jesus wird wieder heftig verfolgt. Er leidet an denselben Orten, wo er einst gelitten hat. Heiliger Vater, es ist Zeit, deine beiden Schwerter zu ziehen«. Im Auftrag des Papstes hat Bernhard von Clairvaux von Basel bis Maastricht und Lüttich die Werbetrommel für den Heiligen Krieg mit großem Erfolg gerührt.

Papstliste bis zum Ende des 12. Jahrhunderts:

Eugen III.	1145–1153
Anastasius IV.	1153–1154
Hadrian IV.	1154–1159
Alexander III.	1159–1181
Viktor IV.	1159–1164
Paschalis III.	1164–1168
Kallistus III.	1168–1178
Innozenz III.	1179–1180
Lucius III.	1181–1185
Urban III.	1185–1187
Gregor VIII.	1187
Klemens III.	1187–1191
Cölestin III.	1191–1198

Nur ein einziger Papst dieser Reihe, Alexander III. (1159 – 1181), hat über zehn Jahre regiert. Statistikern der Papstnamen fällt das »Dreier-Schema« auf. Unter den neun rechtmäßigen Päpsten bezeichnen sich sechs als III.: Eugen, Alexander, Lucius, Urban, Klemens und Cölestin. Auffallend ist der Block der vier, unmittelbar hintereinander regierenden Gegenpäpste (1159 – 1180), die in dem deutschen Kaiser Friedrich I., Barbarossa (1152 – 1190), ihren Protektor wie ihren Auftraggeber hatten. Trotz der großen Kreuzzugsanstrengungen der abendländischen Christenheit, die ein allgemein anerkanntes Papsttum erfordert hätten, hat es in der Phase zwischen dem zweiten (1147/

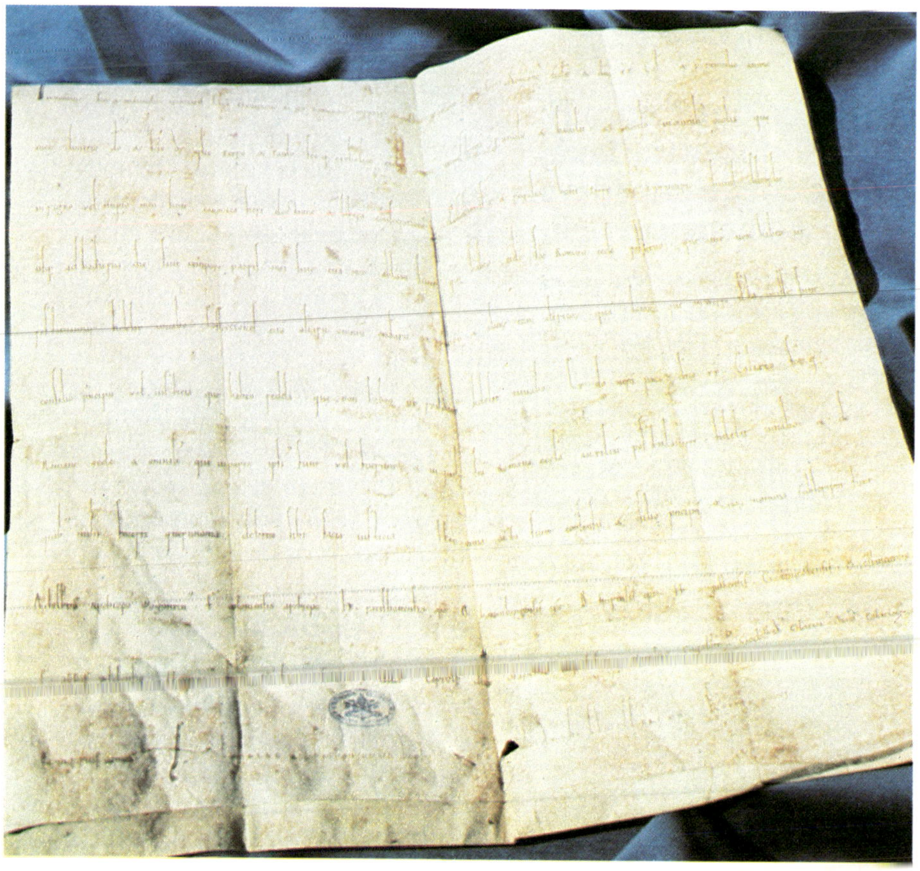

Das Wormser Konkordat 1122 in der Fassung des »Privilegium imperatoris«. Vatikanisches Archiv/Rom.

49) und dritten (1189/97) Kreuzzug neben dem rechtmäßigen Papst Alexander III. (1159 – 1181) vier Gegenpäpste gegeben.

Religiöse Protestbewegungen

Papst Alexander III. (1159–1181) sah sich neben den kirchenpolitischen Fragen seiner Zeit mit einer innerkirchlichen Protest- und Erneuerungsbewegung konfrontiert, deren Anhänger Katharer (das griechische Wort »katharoi« bedeutet »die Reinen«) bzw. Albigenser und Waldenser (Anhänger des Petrus Waldes aus Lyon, † vor 1218) genannt wurden. Vom »kleinen Mann« an der Basis der Kirche wurde der Ruf nach einer glaubwürdigen Kirche immer lauter. Er glaubte trotz aller Skandale und Borniertheiten an die immer noch vorhandenen und vom Geist Gottes inspirierten Kräfte der Selbstreinigung und Erneuerung. Vom südfranzösischen Raum (um die beiden Städte Albi und Lyon) sprang der erregende und aufregende Funke der Sehnsucht nach einer erneuerten Kirche auf Gebiete in Nordwestdeutschland und in den Niederlanden über.

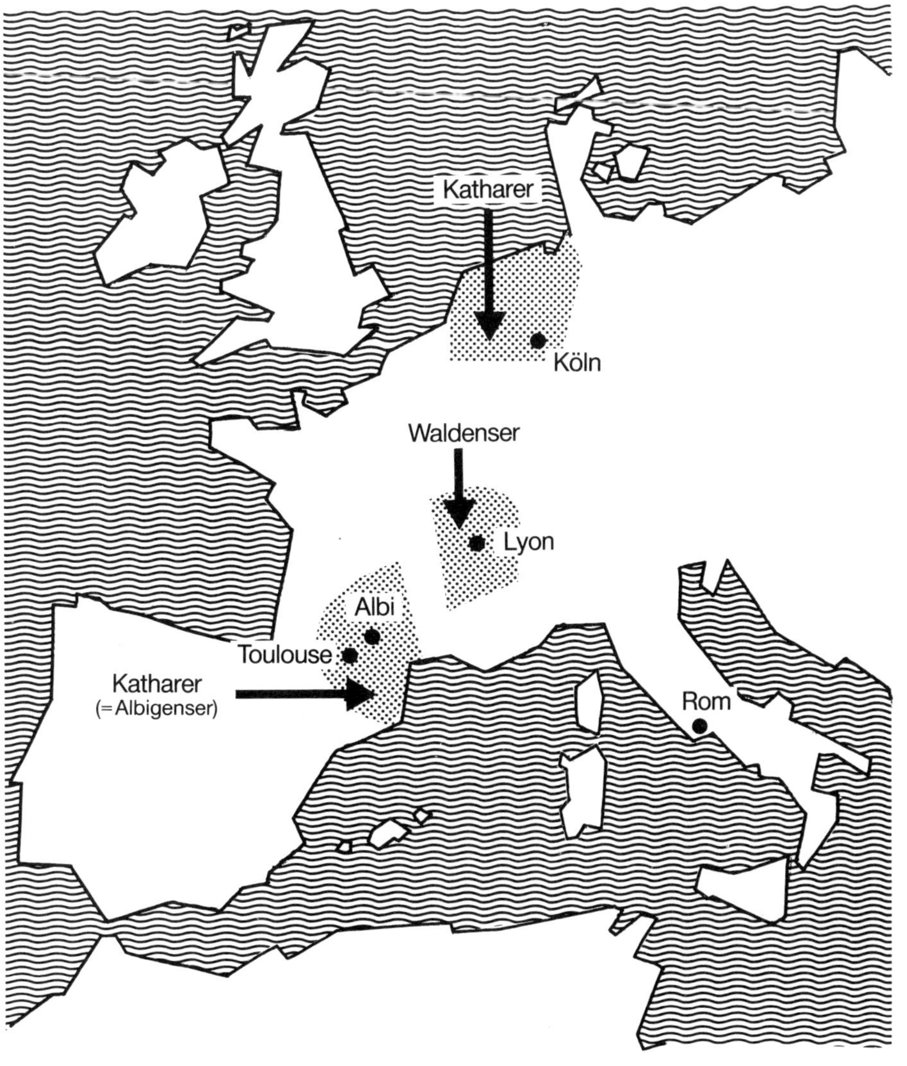

Zentren der Katharer (Albigenser) und Waldenser.

Man berief sich auf die Heilige Schrift und wies auf den armen und machtlosen Jesus hin. Die offene Konfrontation mit der reichen und mächtigen Kirche der damaligen Zeit, die gerade in den Kreuzzügen mit dem Schwert und bisweilen in einem wahren Blutrausch für Christus und Kirche kämpfte, war unvermeidlich. Mit ihrer Kritik konnten die Katharer und Waldenser nicht mehr länger schweigen. Sie standen unter dem Gewissensauftrag: Wer länger schweigt, macht sich schuldig!

Das 11. Ökumenische Konzil im Lateran/Rom (1179) hat unter Papst Alexander III. die Herausforderungen der »Ketzer« verworfen und an die Fürsten die Aufforderung gerichtet, gegen dier aufmüpfigen Christen mit Güterkonfiskation und Waffengewalt vorzugehen. Es ist und bleibt erschütternd, daß die gewiß da und dort überhitzt vorgetragenen Thesen der Katharer und Waldenser, die auch wesentliche Teile des christlichen Glaubens in Frage stellten oder verwarfen, bei den führenden Männern der Kirche in ihrem ernstzunehmenden Grundanliegen nicht gehört wurden. Das Anliegen einer erneuerten und glaubwürdigen Kirche, die in Armut, in Bibeltreue und in der Nachfolge des armen und machtlosen Jesus lebt, erstickte am Ende des »christlichen« Mittelalters in den Verhören der Inquisition und im Feuer der Ketzerhinrichtungen. Das positive Anliegen der Erneuerung der Kirche wurde jedoch aufgegriffen von den damals entstandenen vier Bettelorden der Dominikaner (1216), der Franziskaner (1223), der Karmeliten (1226) und der Augustiner-Eremiten (1243 bzw. 1256). Aber selbst ein Franziskus von Assisi (1181–1226) wurde wegen des radikalen Armutsgelübdes zunächst der heimlichen Ketzerei verdächtigt.

Auf dem Höhepunkt der päpstlichen Macht

Unter Papst Innozenz III. (1198–1216) »erreichte das Papsttum den Höhepunkt seiner universalen Macht und kontrollierte das religiöse, gesellschaftliche und politische Leben des Abendlandes. Viele der größten Päpste waren Kirchenrechtler und proklamierten die päpstliche Weltmonarchie« (Patrick Granfield). Von Innozenz III. führt der Weg zu Papst Bonifaz VIII. (1294–1303) und seine dogmatischen Bulle »Unam sanctam« (vom 18. November 1302). Wie mächtig die Päpste damals waren, geht allein daraus hervor, daß es zwischen Innozenz III. und Bonifaz VIII. keinen einzigen Gegenpapst gab, der von einer weltlichen Macht aufgestellt und sich auf deren Hausmacht hätte stützen können. Die Mächtigen dieser Welt waren angesichts der Übermächtigkeit der Päpste zu Ohnmächtigen degradiert.

Papst Innozenz III.
(1198 – 1216)

Innozenz III.	1198–1216
Honorius III.	1216–1227
Gregor IX.	1227–1241
Cölestin IV.	1241
Innozenz IV.	1243–1254
Alexander IV.	1254–1261
Urban IV.	1261–1264
Klemens IV.	1265–1268
Gregor X.	1271–1276
Innozenz V.	1276
Hadrian V.	1276
Johannes XXI.	1276–1277
Nikolaus III.	1277–1280
Martin IV.	1281–1285
Honorius IV.	1285–1287
Nikolaus IV.	1288–1292
Cölestin V.	1294
Bonifaz VIII.	1294–1303

Unter den eben genannten 17 Päpsten fällt zunächst auf, daß wiederum nur ganz wenige, nämlich nur vier (Innozenz III., Honorius III., Gregor IX. und Innozenz IV.) über zehn Jahre regierten. Auffallend ist ferner das Vier-Päpste-Jahr 1276: Gregor X. († 10. Januar 1276), Innozenz V. († 22. Juni 1276), Hadrian V. († 18. August 1276) und Johannes XXI. (zum Papst gewählt am 8. September 1276).

In drei Fällen gibt es längere Interwalle einer Sedisvakanz: zwischen Cölestin IV. († 10. November 1241) und Innozenz IV. (zum Papst gewählt am 25. Juni 1243), ferner zwischen Klemens IV. († 29. November 1268) und Gregor X. (zum Papst gewählt am 1. September 1271) wie auch zwischen Nikolaus IV. († 4. April 1292) und Cölestin V. (zum Papst gewählt am 5. Juli 1294). Als Gegenpol zu den beiden Cäsaren-Päpsten Innozenz III. und Bonifaz VIII. hat der fast achzigjährige Einsiedler Pietro Angelari del Murrone, der sich Papst Cölestin V. nannte und nur fünf Monate regierte, eine fast ungebrochene literarisch-theologische Faszination bis zum heutigen Tag ausgelöst (zum Papst gewählt am 5. August 1294, abgedankt am 13. Dezember 1294, gestorben am 19. Mai 1296). Die Vision eines armen und machtlosen »Engelpapstes«, von dem gewiß auch die Katharer und Waldenser träumten, erwies sich als Fata morgana. Mehr und mehr geriet der Ahnungslose und Unerfahrene in die Fallstricke des König Karl II. von. Neapel, der sich zum Hüter des künftigen Konklaves bestellen ließ. »Es war offenbar geworden, daß dem Oberhaupt der weltumspannenden Kirche, so sehr ein tadelfreies, heiligmäßiges Leben von ihm gefordert werden mußte, doch auch die nötigen Kenntnisse und Fähigkeiten, die Herrschereigenschaften, nicht fehlen dürfen« (Franz Xaver Seppelt).

Gerade bei Papst Innozenz III. darf jene Audienz nicht unerwähnt bleiben, die er Franziskus von Assisi allergnädigst gewährt hat. Franziskus ist damals in unansehnlicher Kleidung vor dem Papst erschienen, der ihn nach einer nicht allzu langen Anhörung mit den Worten entlassen haben soll: »Geh hin, mein Bruder, und suche die Schweine auf, denn mit diesen scheinst du mehr gemein zu haben als mit Menschen. Wälze dich mit ihnen im Kot, übergib ihnen deine Regel und übe an ihnen dein Predigtamt!« Man kann sich kaum größere Gegensätze vorstellen als den machtbewußten, in Samt und Seide gekleideten Papst Innozenz III. und den armselig gekleideten Franziskus von Assisi! Und doch muß Franziskus das Herz dieses Papstes getroffen haben, der 1210 nach einer Vision, in der er die zusammenstürzende Laterankirche durch Franziskus gestützt und gerettet sah, die erste, jedoch verlorengegangene Ur-Regel mündlich bestätigt hat.

Wie vielschichtig Persönlichkeit und Maßnahmen des Papstes Bonifaz VIII. (1294 – 1303) waren, geht allein daraus hervor, daß er für das Jahr 1300 das erste »Heilige Jahr« verkündete. Ohne Zweifel haben die zahlreichen Opfergaben der nach Rom strömenden Pilgerscharen das Selbstbewußtsein und die Machtfülle, vor allem die Geldschatulle des Papstes erheblich gestärkt. Wiederholt hat sich der Papst während der Jubiläumsfeierlichkeiten im Schmuck kaiserlicher Insignien gezeigt. Mehrfach hat er, wie dokumentarisch bezeugt ist, ausgerufen: »Ich bin Cäsar, ich bin Kaiser« (Ego Caesar, ego Imperator).

Kurze Zeit nach Ablauf des »Heiligen Jahres« hat das hochgeschwellte Selbstbewußtsein des Papstes Bonifaz VIII. in der Bulle (= päpstliches Schreiben, das mit einem Bleisiegel versehen ist) »Unam sanctam« (vom 18. November 1302) seinen sichtbaren, bis zum heutigen Tag umstrittenen Ausdruck gefunden. Darin hat er »in schroffer Form, ohne Rücksichtnahme auf Klugheit und tatsächliche Verhältnisse« (Franz Xaver Seppelt) erklärt: Der Kirche steht die Oberhoheit über alle weltliche Macht zu.

Die wichtigsten Sätze dieser Bulle lauten:

Eine Heilige Katholische Apostolische Kirche müssen wir im Gehorsam des Glaubens annehmen und festhalten. Wir glauben diese fest und bekennen sie schlicht, und außer ihr gibt es kein Heil und keine Vergebung der Sünden. In ihr ist Ein Herr, Ein Glaube, Eine Taufe…

Beide Schwerter hat die Kirche in ihrer Gewalt, das geistliche und das weltliche. Dieses aber ist für die Kirche zu führen, jenes von ihr. Jenes gehört dem Priester; dieses ist zu führen von der Hand der Könige und Ritter, aber nur wenn und solange der Priester es will. Ein Schwert aber muß dem andern untergeordnet sein; sie weltliche Macht muß sich der geistlichen fügen…

Die geistliche Macht hat die weltliche einzusetzen und ist Richterin über sie, wenn sie nicht gut ist. So bewahrheitet sich über die Kirche und die kirchliche Gewalt die Voraussage des Propheten Jeremia: ›Siehe, ich habe dich heute über Völker und Reiche gesetzt‹ (Jer 1,10)…

Wenn die weltliche Macht in die Irre geht, so wird sie von der geistlichen gerichtet werden. Irrt die geistliche auf einer niederen Stufe, so wird sie gerichtet werden von der, die über ihr steht. Irrt aber die höchste, so wird sie allein von Gott gerichtet werden können, nicht aber von einem Menschen…

Wer sich dieser von Gott so geordneten Gewalt widersetzt, der widerstrebt Gottes Ordnung… So erklären wir, daß alle menschliche Kreatur bei Verlust der Seligkeit ihrer Seelen dem Papst in Rom untertan sein muß, und sagen es ihr und bestimmen es.

Ausgerechnet Bonifaz VIII., der sich als allmächtiger Papst-Kaiser fühlte und prokla-

Das mit elf Kardinalssiegeln versehene Dokument der Wahl des Papstes Cölestin V. am 5. Juli 1294.

Papst Honorius III. (1216 – 1227) hört mit gespannter Aufmerksamkeit von Franziskus von Assisi die Anliegen seiner Regel und Ordensgründung. Fresko von Giotto di Bondone (1266 – 1327) in der Unterkirche der Basilika San Francesco in Assisi

▷ *Papst Bonifaz VIII. (1294 – 1303). Vergoldete Holzstatue (1301) mit Ebenholzeinarbeitungen (Kopf und Hände). Museo Civico, Bologna.*

mierte, mußte es über sich ergehen lassen, am 7. September 1303 in Anagni gefangengenom-men zu werden. Kurz nach seiner Entlassung ist er am 12. Oktober 1303 vor weiteren Verdemütigungen und Leiden durch den Tod erlöst worden. Eine kurze, überaus treffende Charakteristik des Papstes Bonifaz VIII. stammt aus der Feder von Joseph Bernhart: »Zuweilen vertauschte er (Papst Bonifaz VIII.) sein päpstliches Gewand mit dem Mantel des Cäsaren. Er war von riesenhafter Gestalt, unbändiger Lebenskraft und behielt bis zum Tode alle Zähne«.

Papstweissagungen des Malachias

Bei der Darstellung des 12. und 13. Jahrhunderts der Papstgeschichte ist wenigstens kurz auf die vielzitierten und umstrittenen Papstweissagungen hinzuweisen, die mit Papst Cölestin II. (1143–1144) beginnen. Sie sollen von einem Zeitgenossen dieses Papstes, dem irischen Erzbischof von Armagh und päpstlichen Legaten Malachias († 1./2. November 1148, beigesetzt in Clairvaux, heiliggesprochen am 6. Juli 1190) in Form von 111 lateinische abgefaßten Sinnsprüchen aufgezeichnet worden sein. Die kurzen, orakelhaften Devisen beginnen mit Cölestin II. und enden mit dem letzten Papst Petrus II. vor dem Ende der Welt.

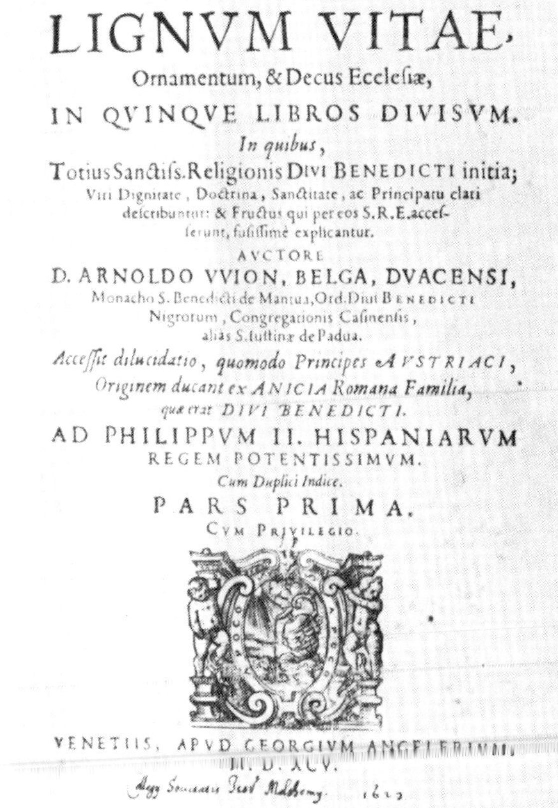

LIGNVM VITAE.
Ornamentum, & Decus Ecclesiæ,
IN QVINQVE LIBROS DIVISVM.
In quibus,
Totius Sanctiss. Religionis DIVI BENEDICTI initia;
Viri Dignitate, Doctrina, Sanctitate, ac Principatu clari describuntur: & Fructus qui per eos S.R.E. accesserunt, fusissimè explicantur.
AVCTORE
D. ARNOLDO VVION, BELGA, DVACENSI,
Monacho S. Benedicti de Mantua, Ord. Diui BENEDICTI Nigrorum, Congregationis Casinensis, aliàs S. Iustinæ de Padua.
Accessit dilucidatio, quomodo Principes AVSTRIACI, Originem ducant ex ANICIA Romana Familia, quæ erat DIVI BENEDICTI.
AD PHILIPPVM II. HISPANIARVM REGEM POTENTISSIMVM.
Cum Duplici Indice.
PARS PRIMA.
CVM PRIVILEGIO.

VENETIIS, APVD GEORGIVM ANGELERIVM, M. D. XCV.
1623

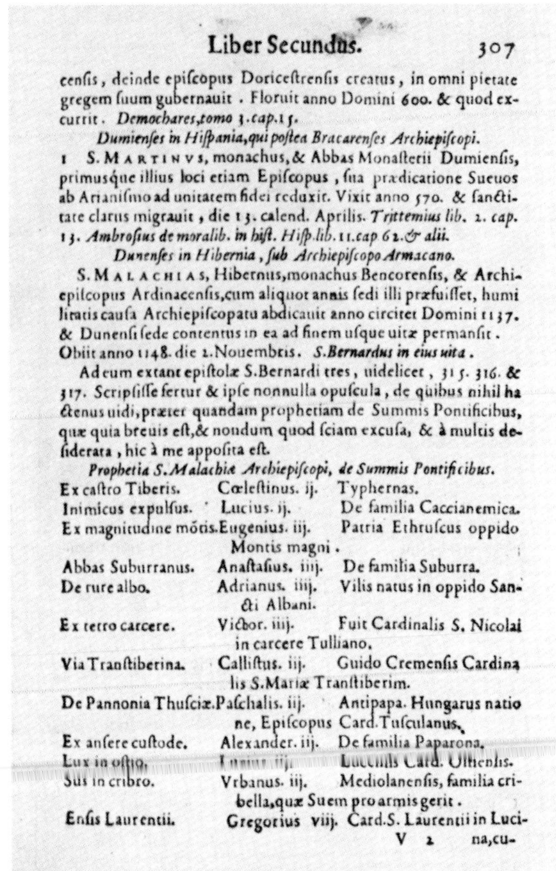

Liber Secundus. 307

censis, deinde episcopus Doricestrensis creatus, in omni pietate gregem suum gubernauit. Floruit anno Domini 600. & quod excurrit. *Demochares, tomo 3. cap. 15.*

Dumienses in Hispania, qui postea Bracarenses Archiepiscopi.

1 S. MARTINVS, monachus, & Abbas Monasterii Dumiensis, primusque illius loci etiam Episcopus, sua prædicatione Sueuos ab Arianismo ad unitatem fidei reduxit. Vixit anno 570. & sanctitate clarus migrauit, die 13. calend. Aprilis. *Trittemius lib. 2. cap. 13. Ambrosius de moralib. in hist. Hisp. lib. 11. cap 62. & alii.*

Dunenses in Hibernia, sub Archiepiscopo Armacano.

S. MALACHIAS, Hibernus, monachus Bencorensis, & Archiepiscopus Ardinacensis, cum aliquot annis sedi illi præfuisset, humilitatis causa Archiepiscopatu abdicauit anno circiter Domini 1137. & Dunensi sede contentus in ea ad finem usque uitæ permansit. Obiit anno 1148. die 2. Nouembris. *S. Bernardus in eius uita.*

Ad eum extant epistolæ S. Bernardi tres, uidelicet, 315. 316. & 317. Scripsisse fertur & ipse nonnulla opuscula, de quibus nihil hactenus uidi, præter quandam prophetiam de Summis Pontificibus, quæ quia breuis est, & nondum quod sciam excusa, & à multis desiderata, hic à me apposita est.

Prophetia S. Malachiæ Archiepiscopi, de Summis Pontificibus.

Ex castro Tiberis.	Cœlestinus. ij.	Typhernas.
Inimicus expulsus.	Lucius. ij.	De familia Caccianemica.
Ex magnitudine mõtis.	Eugenius. iij.	Patria Ethruscus oppido Montis magni.
Abbas Suburranus.	Anastasius. iiij.	De familia Suburra.
De rure albo.	Adrianus. iiij.	Vilis natus in oppido Sancti Albani.
Ex tetro carcere.	Victor. iiij.	Fuit Cardinalis S. Nicolai in carcere Tulliano.
Via Transtiberina.	Callistus. iij.	Guido Cremensis Cardinalis S. Mariæ Transtiberim.
De Pannonia Thusciæ.	Paschalis. iij.	Antipapa. Hungarus natione, Episcopus Card. Tusculanus.
Ex ansere custode.	Alexander. iij.	De familia Paparona.
Lux in ostio.	Lucius. iij.	Lucensis Card. Ostiensis.
Sus in cribro.	Vrbanus. iij.	Mediolanensis, familia cribella, quæ Suem pro armis gerit.
Ensis Laurentii.	Gregorius viij.	Card. S. Laurentii in Lucina, cu-

V 2

▷

Titelseite und Inhaltsübersicht des 2. Kapitels des von Arnold Wion veröffentlichten Buches »Lignum vitae, ornamentum et decus ecclesiae« (Venedig 1595). Bemerkenswert (Seite 91, rechts unten) die orakelhaften Sinnsprüche der letzten Päpste: Pastor et nauta = Hirte und Seemann (Papst Johannes XXIII. 1958/63), Flos florum = Blume der Blumen (Papst Paul VI. 1963/78), De medietate lunae = Von der Hälfte des Mondes (Papst Johannes Paul I. 1978), De labore solis = Von der Bedrängnis der Sonne (Papst Johannes Paul II. 1978). Für die beiden letzten Päpste sind angegeben: Gloria olivae (Ruhm des Ölbaumes) und In persecutione… Petrus Romanus (in der letzten Verfolgung wird Petrus II., ein Römer, regieren). ▷

na,cuius insignia enses falcati.
De Schola exiet. Clemens. iij. Romanus,domo Scholari.
De rure bouensi. Cœlestinus. iij. Familia Bouensi.
Comes Signatus. Innocentius. iij. Familia Comitum Signiæ.
Canonicus de latere. Honorius. iij. Familia Sabella, Canonicus S.Ioannis Lateranensis.
Auis Ostiensis. Gregorius. ix. Familia Comitum Signiæ Episcopus Card.Ostiensis.
Leo Sabinus. Cœlestinus. iiij. Mediolanensis, cuius insignia Leo,Episcopus Card.Sabinus.
Comes Laurentius, Innocentius iiij. domo flisca, Comes Lauaniæ,Cardinalis S.Laurentii in Lucina.
Signum Ostiense. Alexander. iiij. De comitibus Signiæ,Episcopus Card. Ostiensis.
Hierusalem Campaniç. Vrbanus. iiii. Gallus, Trecensis in Campania, Patriarcha Hierusalem.
Draco depressus. Clemens. iiii. cuius insignia Aquila vnguibus Draconem tenens.
Anguinus uir. Gregorius. x. Mediolanensis,Familia vicecomitum,quæ anguẽ pro insigni gerit.
Concionator Gallus. Innocentius. v. Gallus, ordinis Prædicatorum.
Bonus Comes. Adrianus. v. Ottobonus familia Flisca ex comitibus Lauaniæ.
Piscator Thuscus. Ioannes. xxi. antea Ioannes Petrus Episcopus Card.Tusculanus.
Rosa composita. Nicolaus. iii. Familia Vrsina,quæ rosam in insigni gerit, dictus compositus.
Ex teloneo liliacei Martini. Martinus. iiii. cuius insignia lilia, canonicus,& thesaurarius S.Martini Turonen.
Ex rosa leonina. Honorius. iiii. Familia Sabella insignia rosa à leonibus gestata.
Picus inter escas. Nicolaus. iiii. Picenus patria Esculanus.
Ex eremo celsus. Cœlestinus. v. Vocatus Petrus de morrone Eremita.
Ex undarũ bñdictione. Bonifacius. viii. Vocatus prius Benedictus, Caetanus,cuius insignia undæ.
Concionator patereus. Benedictus xi. qui uocabatur Frater Nicolaus,ordinis Prædicatorum.

De

De fessis aquitanicis. Clemens V. natione aquitanus, cuius insignia fessæ erant.
De sutore osseo. Ioannes XXII. Gallus, familia Ossa, Sutoris filius.
Coruus schismaticus. Nicolaus V. qui uocabatur F.Petrus de corbario, contra Ioannem XXII. Antipapa Minorita.
Frigidus Abbas. Benedictus XII. Abbas Monasterii fontis frigidi.
De rosa Attrebatensi. Clemens VI. Episcopus Attrebatensis, cuius insignia Rosæ.
De mõtibus Pãmachii. Innocentius VI. Cardinalis SS. Ioannis & Pauli. T. Panmachii, cuius insignia sex montes erant.
Gallus Vicecomes. Vrbanus V. nuncius Apostolicus ad Vicecomites Mediolanenses.
Nouus de uirgine forti. Gregorius XI. qui uocabatur Petrus Belfortis, Cardinalis S.Mariæ nouæ
Decruce Apostolica. Clemens. VII. qui fuit Presbyter Cardinalis SS. XII. Apostolorũ, cuius insignia Crux.
Luna Cosmedina. Benedictus XIII. antea Petrus de Luna,Diaconus Cardinalis S.Mariæ in Cosmedin.
Schisma Barchinoniũ. Clemens VIII. Antipapa, qui fuit Canonicus Barchinonensis.
De inferno prægnãti. Vrbanus VI. Neapolitanus Pregnanus,natus in loco qui dicitur Infernus.
Cubus de mixtione. Bonifacius. IX. familia tomacella à Genua Liguriæ orta, cuius insignia Cubi.
De meliore sydere. Innocentius. VII. uocatus Cosmatus de melioratis Sulmonensis,cuius insignia sydus.
Nauta de Ponte nigro. Gregorius XII. Venetus, commendatarius ecclesiæ Nigropontis.
Flagellum solis. Alexander. V. Græcus Archiepiscopus Mediolanensis, insignia Sol.
Ceruus Sirenæ. Ioannes XXIII. Diaconus Cardinalis S.Eustachii, qui cum ceruo depingitur, Boniniæ legatus, Neapolitanus.
Corona ueli aurei. Martinus V. familia colonna, Diaconus Cardinalis S.Georgii ad uelum aureum.

V 3 Lupa

Lupa Cœlestina. Eugenius. IIII. Venetus, canonicus antea regularis Cœlestinus, & Episcopus Senẽsis.
Amator Crucis. Felix. V. qui uocabatur Amadæus Dux Sabaudiæ, insignia Crux.
De modicitate Lunæ. Nicolaus V. Lunensis de Sarzana,humilibus parentibus natus.
Bos pascens. Callistus. III. Hispanus, cuius insignia Bos pascens.
De Capra & Albergo. Pius. II. Senensis, qui fuit à Secretis Cardinalibus Capranico & Albergato.
De Ceruo & Leone. Paulus. II. Venetus, qui fuit Commendatarius ecclesiæ Ceruiensis, & Cardinalis tituli S.Marci.
Piscator minorita. Sixtus. IIII. Piscatoris filius, Franciscanus.
Præcursor Siciliæ. Innocentius VIII. qui uocabatur Ioãnes Baptista, & uixit in curia Alfonsi regis Siciliæ.
Bos Albanus in portu. Alexander VI. Episcopus Cardinalis Albanus & Portuensis,cuius insignia Bos.
De paruo homine. Pius. III. Senensis,familia piccolominea.
Fructus Iouis iuuabit. Iulius. II. Ligur,eius insignia Quercus,Iouis arbor.
De craticula Politiana. Leo. X. filius Laurentii medicei, & scholaris Angeli Politiani.
Leo Florentius. Adrian. VI. Florẽtii filius, eius insignia Leo.
Flos pilei ægri. Clemens. VII. Florentinus de domo medicea,eius insignia pila,& lilia.
Hiacinthus medicorũ. Paulus. III. Farnesius,qui lilia pro insignibus gestat,& Card. fuit SS.Cosme, & Damiani.
De corona montana. Iulius. III. antea uocatus Ioannes Maria de monte.
Frumentum flocidum. Marcellus. II. cuius insignia ceruus & frumẽtum, ideo floccidum,quod pauco tempore uixit in papatu.
De fide Petri. Paulus. IIII. antea uocatus Ioannes Petrus Caraffa.
Esculapii pharmacum. Pius. IIII. antea dictus Io.Angelus Medices.
Angelus nemorosus. Pius. V. Michael uocatus, natus in oppido Boschi.
Medium corpus pilarũ. Gregorius XIII. cuius insignia medius Draco.

co, Cardinalis creatus à Pio. IIII. qui pila in armis gestabat.
Axis in medietate signi. Sixtus. V. qui axem in medio Leonis in armis gestat.
De rore cœli. Vrbanus. VII. qui fuit Archiepiscopus Rossanensis in Calabria,ubi mãna colligitur.
Ex antiquitate Vrbis. Gregorius. XIIII.
Pia ciuitas in bello. Innocentius. IX.
Crux Romulea. Clemens. VIII.
Vndosus uir.
Gens peruersa.
In tribulatione pacis.
Lilium & rosa.
Iucunditas crucis.
Montium custos.
Sydus olorum.
De flumine magno.
Bellua insatiabilis.
Pœnitentia gloriosa.
Rastrum in porta.
Flores circundati.
De bona religione.
Miles in bello.
Columna excelsa.
Animal rurale.
Rosa Vmbriæ.
Vrsus uelox.
Peregrin⁹ apostolic⁹.
Aquila rapax.
Canis & coluber.
Vir religiosus.
De balneis Ethruriæ.
Crux de cruce.
Lumen in cœlo.
Ignis ardens.
Religio depopulata.
Fides intrepida.
Pastor angelicus.
Pastor & nauta.
Flos florum.
De medietate lunæ.
De labore solis.
Gloria oliuæ.
In psecutione. extrema S.R.E. sedebit. Petrus Romanus, qui pascet oues in multis tribulationibus: quibus transactis ciuitas septicollis diruetur, & Iudex tremẽdus iudicabit populum suum. Finis.

Quæ ad Pontifices adiecta,non sunt ipsius Malachiæ, sed R.P.F. Alphonsi Giaconis,Ord.Prædicatorũ,huius Prophetiæ interpretis.

Episcopatus de littera E.

Cap. XLI.

Elienses in Anglia, sub Cantuariensi Archiepiscopo.

D. 8 IOANNES, Anglus, monachus,& Abbas Monasterii de fontibus in Anglia, uir simplex & iustus,ac recedẽs à malo,Episcopus in locum Eustachii creatus & consecratus, anno 1220. die 8. Mensis Martii, in Dominica Lætare; & cum annis quinque optimè præfuisset, obiit anno 1225. Mense Iunio. *Matthæus Vuestm.ad annos citatos.*

10 Beatus Hugo, Anglus,monachus & Abbas cœnobii S.Edmundi,me-

V 4

Erstmals wurden diese Papstprophetien durch den belgischen Benediktiner Arnold Wion in seinem Werk »Lignum vitae, ornamentum et decus ecclesiae« (Venedig 1595) veröffentlicht. Die kritische Forschung, die einen augenfälligen Unterschied zwischen den ersten 71 Weissagungen bis Papst Pius V. (1566 – 1572) und den letzten 40 Prophezeiungen, beginnend mit Papst Gregor XIII. (1572–1585), feststellte, ist zu dem Ergebnis gelangt, daß es sich bei den Malachiasweissagungen um ganz gezielte Fälschungen aus der 2. Hälfte des 16. Jahrhunderts (um 1590) handelt. Um ihnen größere Autorität und Glaubwürdigkeit zu geben, wurden sie um fast 450 Jahre zurück datiert und einem Zeitgenossen des Papstes Cölestin, Malchias, zugeschrieben, dessen prophetische Begabung durchaus geschichtlich belegt ist.

Die beste Information über die lateinischen Sinnsprüche und ihre Übersetzung, über ihre Kommentierung und Deutungsversuche hat vorgelegt Hildebrand Troll, Die Papstweissagungen des heiligen Malachias. Aschaffenburg 1979[3].

11.
Päpste in Avignon

»Gott ist treu. Er wird nicht zulassen, daß ihr über eure Kraft hinaus versucht werdet. Er wird euch in der Versuchung einen Ausweg schaffen, so daß ihr sie bestehen könnt«
(1 Kor 10, 13).

Es müssen überaus schwerwiegende Gründe vorgelegen haben, Rom als Stätte des Petrusgrabes aufzugeben und die päpstliche Residenz und Kurie in eine andere Stadt, nämlich in die südfranzösische Stadt Avignon, für fast 70 Jahre (1305 bzw. 1309 – 1377) zu verlegen. Bereits während des Pontifikates des Papstes Bonifaz VIII. (1294 – 1303) regten sich politische Kräfte, die mehr und mehr an die Stelle der deutschen Könige und Kaiser traten und ihre Machtansprüche deutlich anmeldeten. Wiederholt kam es zwischen Papst Bonifaz VIII. und dem französischen König Philipp IV., dem Schönen (1285 – 1314), zu heftigen Auseinandersetzungen, die 1303 sogar zur Gefangennahme des Papstes durch diesen König in Anagni führten.

Neben dem französischen König meldete ein anderer politischer Konkurrent seine Ansprüche an. Nach dem Tod des Papstes Bonifaz VIII. († 11. Oktober 1303) konnte König Karl II. von Neapel es durchsetzen, seinen Gefolgsmann, den bisherigen Kardinalbischof von Ostia, Nikolaus Boccasini, zum Nachfolger als Papst Benedikt XI. (1303 – 1304) wählen zu lassen. Neue politische Konstallationen und machtpolitische Umschichtungen zeichneten sich ab. »Mit Bonifaz VIII. endete und begann eine neue Phase in der Geschichte des Papsttums« (Josef Gelmi).

Informationen zur Vorgeschichte

Es war der große und gefährliche Traum der Staufer, ihr Reich bis nach Sizilien auszudehnen. Unter Kaiser Heinrich VI. (1190 – 1197) erreichte das staufische Reich seine größte Ausdehnung: Kaiser Friedrich II. (1212 – 1250) »Rex Romanorum et Siciliae« (König der Römer und Siziliens), aber auch »Herzog von Apulien und Fürst von Capua«. Der Kampf um Unteritalien und Sizilien war Mittelpunkt der staufischen Reichspolitik. Er führte aber in den tragischen Untergang dieses Geschlechts: 1268 wird Konradin, der letzte Hohenstaufer, auf dem Marktplatz in Neapel durch den König von Neapel und Sizilien, Karl von Anjou, hingerichtet.

Betrachtet man die politische Lage des Kirchenstaates, dann wird die äußerst prekäre Lage des päpstlichen Reiches sichtbar.

Solange die deutschen Könige und Kaiser nur in Nord- und Mittelitalien herrschten, war der Kirchenstaat nur an seiner Nordflanke gefährdet. Wenn aber deutsche Kaiser, wie dies unter Friedrich II. geschah, in Süditalien und Sizilien sich festsetzten und dort ihre Machtpositionen ausbauten, dann konnte der Kirchenstaat in einen gefährlichen Zangenangriff gera-

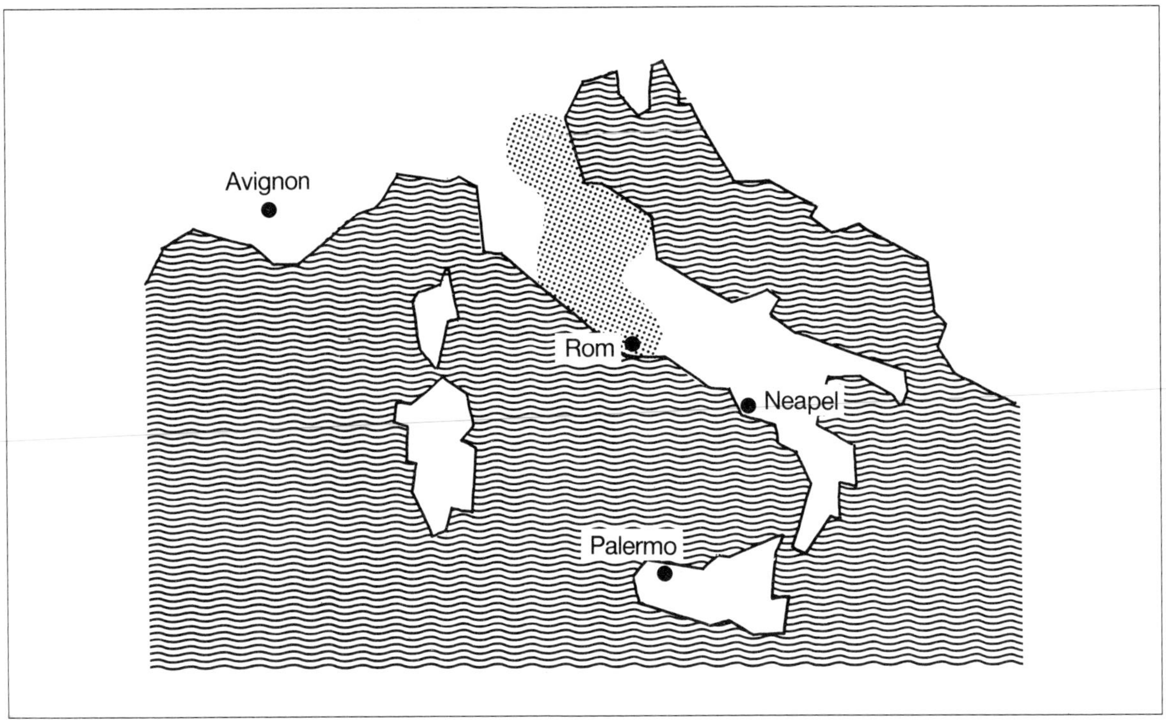

Die Lage des Kirchenstaates zwischen den in Norditalien und den in Neapel und Sizilien regierenden Mächten.

ten. Ohne Zweifel wäre dann die Selbständigkeit und freie Entscheidung der Päpste erheblich eingeschränkt, wenn nicht sogar völlig blokkiert gewesen.

Auf Grund dieser geopolitischen Situation haben die Päpste mit größter Sorge die Expansionspolitik der Staufer in Süditalien und Sizilien verfolgt. Rechtzeitig haben sie sich nach geeigneten Bundesgenossen umgesehen, die ihnen in einer militärischen Krisensituation beistehen konnten. Mit äußerster Schärfe ließ Papst Klemens IV. (1265 – 1268) gegen das »Otterngezücht der Staufer« das Kreuz predigen. Um eine militärisch-politische Rückendekkung zu haben, krönte dieser Papst im Juni 1265 Karl von Anjou, den jüngsten Bruder des französischen Königs Ludwig IX. (1226–1270), zum König beider Sizilien, nachdem diesem vorher das eidliche Versprechen abverlangt worden war, daß weder er noch seine Erben weder nach der deutschen Königswürde noch nach dem Kaisertum streben oder diese Würde annehmen werden. Zum Besitz der Anjous gehörte damals neben dem Königreich der beiden Sizilien auch die südfranzösische Provence mit den Städten Marseille und Avignon Erst unter Papst Klemens VI. (1342 – 1352) gelang es, die Stadt Avignon am 12. Juni 1348 von Königin Johanna I. von Neapel (1343 – 1382) für 80000 Goldgulden zu erwerben. Die Päpste konnten seither zwar auf eigenem Territorium in einem päpstlichen Miniaturstaat an der Rhone residieren, der aber dem Schutz, oder richtiger gesagt, der Kontrolle der französischen Könige restlos ausgeliefert war.

Sicherlich haben auch die politischen Unruhen in Italien, besonders im Kirchenstaat, die Päpste veranlaßt, sich an einen sicheren Ort abzusetzen.

Bis auf Benedikt XI. (1303–1304), der unter dem Druck des Königs von Neapel – Sizilien, Karl II., gewählt worden war, sind alle in dieser Liste genannten Päpste Franzosen gewesen. Mit dem französischen Papst Klemens V. (1305 – 1314) begann der Aufenthalt in Avignon. Er selbst, ein gefügiges Werkzeug des französischen Königs Philipp IV., des Schönen, verstärkte das Übergewicht der französischen Kardinäle. In schamloser Günstlingswirtschaft hat er die Kurie in Avignon zu einem einträglichen Jahrmarkt gemacht, an dem auch Maitressen konfortabel mitverdienten.

Unter Papst Klemens V. kam es, wiederum unter dem Druck des geldgierigen, französischen Königs, auf dem 15. Ökumenischen Konzil von Vienne (1311/12) am 22. März 1312 zur Aufhebung des Templerordens (eines 1119 zum Schutz des Heiligen Grabes in Jerusalems und der Palästinapilger gegründeten Ritterordens). Der letzte Großmeister der Templer, Jacques de Molay, endete am 11. März 1314 auf dem Scheiterhaufen. Die Tragödie des Templerordens entlarvt die Erbärmlichkeit und schmähliche Gefügsamkeit der Päpste in Avignon.

Unter Papst Johannes XXII. (1316–1334), der mehr französische Nationalpolitik als übergreifende, für alle Nationen sorgende Friedenspolitik betrieb, kam es zur jahrzehntelangen Konfrontation mit dem deutschen Kaiser Ludwig IV., dem Bayer (1314 – 1346). Die bayerische Residenzstadt München war damals das antipäpstliche Widerstandszentrum, wo sich um den gebannten Kaiser Ludwig, den Bayer, die Franziskaner – der Italiener Michael von Cesena († 29. November 1342 in München) und der Engländer William Ockham († 9.

▷

Philipp IV., der Schöne (1285 – 1314), König von Frankreich. Die Vorderseite dieser ersten, 1296 eingeführten Goldmünze zeigt den König mit dem Lilienzepter, die Rückseite der Goldmünze: Kreuz mit Umschrift des Könignamens Philipps IV. ▷

Grabmal des Papstes Innozenz VI. (1352 – 1362) in der Sakristei (Revestiaire) der »Großen Kapelle« im ersten Stock des Papstpalastes in Avignon.

Papstliste

Päpste	*Französische Könige*	*Deutsche Könige bzw. Kaiser*
Benedikt XI. (1303–1304)	Philipp IV., der Schöne (1285–1314)	Albert I. von Österreich (1298–1308)
Klemens V. (1305–1314)		Heinrich VII. von Luxemburg (1309–1313)
	Ludwig X. (1314–1316)	Ludwig IV., der Bayer (1314–1346)
Johannes XXII. (1316–1334)	Philipp V. (1316–1322)	
	Karl IV. (1322–1328)	
Benedikt XII. (1334–1342)	Philipp VI. (1328–1350)	
Klemens VI. (1342–1352)		
	Johannes I., der Gute (1350–1364)	Karl IV. (1346–1378)
Innozenz VI. (1352–1362)		
Urban V. (1362–1370)		
	Karl V., der Weise (1364–1380)	
Gregor XI. (1370–1378)		

April 1349 in München) – wie auch Marsilius von Padua († 1343) scharten und mit geschliffenen Argumenten die französischen Päpste angriffen. Während der Papst den Kaiser bannte, klagte der Kaiser, unterstützt von seinen theologischen Beratern, den Papst der Häresie an und setzte anläßlich seiner Italienreise 1328 in Rom einen Gegenpapst in Nikolaus V. ein (gewählt am 12. Mai 1328, gekrönt am 22. Mai 1328), der sich jedoch am 25. August 1330 dem in Avignon residierenden, rechtmäßigen Papst Johannes XXII. unterwarf.

Unter Papst Benedikt XII. (1334 – 1342) wurde der festungsartige Papstpalast in Avignon begonnen. Wie fanatisch der Haß gegen den gebannten Kaiser Ludwig, den Bayer, auch unter Papst Klemens VI. (1342–1352) war, bezeugt ein Ausspruch dieses Papstes, in dem es heißt, den gebannten Kaiser »möge die Erde lebendig verschlingen und sein Gedächtnis sei ausgerottet« in der Erinnerung der Menschen. Der gebannte deutsche Kaiser Ludwig, der Bayer, hatte keine andere Möglichkeit, sich gegen den maßlosen Haß der französisch gesinnten Päpste zu wehren, als gegen den Papst an ein Allgemeines Konzil zu appellieren. Der Kaiser, dem die Gründung des Klosters Ettal (1330) zu verdanken ist, wurde nach seinem Tod anläßlich eines Jagdunfalls am 11. Oktober 1347 bei Fürstenfeldbruck, obwohl er immer noch gebannt war, in der Münchner Frauenkirche unter großer Anteilnahme der bayerischen Bevölkerung beigesetzt.

Für die Rückkehr der Päpste nach Rom, zum Grab des Apostels Petrus, haben sich u. a. besonders leidenschaftlich zwei Frauen eingesetzt. Birgitta von Schweden (1303 – 1373), die die letzten 24 Jahre ihres Lebens in Rom verbrachte, hat mehrere Päpste (Klemens VI., Innozenz VI. und Urban V.) vergebens beschworen, nach Rom zurückzukehren. Unmittelbar nach der Wahl des Papstes Gregor XI. hat sie dem neuen Papst vorausgesagt, er werde nach Rom kommen. Tatsächlich ging diese Voraussagung Birgittas fünf Jahre später in Erfüllung.

Im Jahr 1377 schrieb die Dominikanerin Katharina von Siena (1347 – 1380), das 23. Kind eines Färbers von Siena, einen flammenden Brief an Papst Gregor XI., endlich nach Rom zu kommen. Bei seiner Heimkehr nach Rom solle er nicht den Waffen seiner Söldner, sondern allein der Hilfe der göttlichen Vorsehung vertrauen.

Avignon mit dem Papstpalast. Stich von Israel Silvestre.

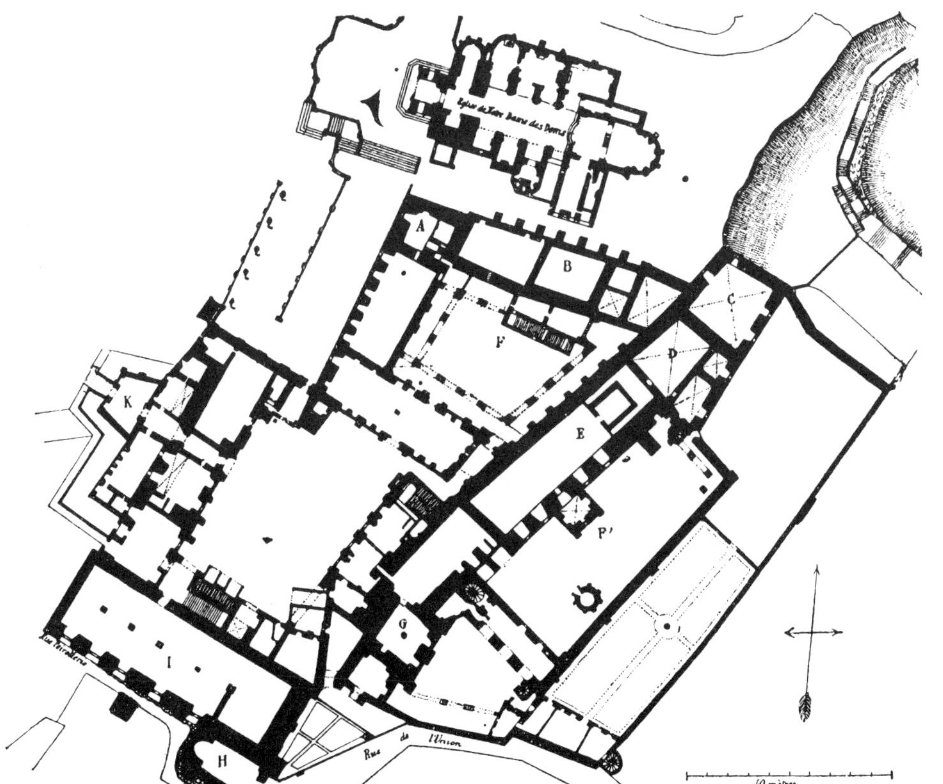

Grundriß des Papstpalastes in Avignon, erbaut unter den Päpsten Benedikt XII. (1334–1342) und Klemens VI. (1342–1352).

Grabmal des Kaisers Ludwig, des Bayern (1314 – 1346), aus schwarzem Marmor gemeißelt (1619/22) nach einem Entwurf von Hans Krumper, im südlichen Seitenschiff der Frauenkirchen in München. Die Balustrade wie auch die Figuren sind aus Bronze gefertigt. ▷

Katharina von Siena (1347 – 1380), die unermüdliche Mahnerin für die Rückkehr der Päpste aus Avignon nach Rom. Gefaßte Holzstatue von Neroccio de' Landi (1447 – 1500).

Papst Gregor XI. (1370–1378), der letzte Franzose auf dem Stuhl Petri, ist schließlich 1377 nach Rom zurückgekehrt, wo er nicht mehr (wie bisher alle Päpste) im Lateranpalast residierte, sondern im Vatikan seinen Amtssitz errichtete. Damit war eine fast siebzigjährige Zeit der Päpste in Avignon (1305 bzw. 1309 – 1377) zu Ende, die (im Anschluß an die siebzigjährige Gefangenschaft des israelitischen Volkes in Babylon 586–538 v. Chr.) »Babylonische Gefangenschaft der Päpste« genannt worden.

Es ist kaum in Worte zu fassen, was durch die Päpste in Avignon, durch ihre franzosenfreundliche und deutschfeindliche Politik und durch ihre Geldgier, nicht zuletzt durch die verbissenen Spannungen zwischen ihnen und dem gebannten deutschen Kaiser Ludwig, dem Bayer, in der Kirche des Abendlandes, in der Argumentation der wissenschaftlichen Theologie, im Glauben des einfachen Volkes angerichtet worden ist. Ansehen und Autorität der Päpste waren restlos zerstört.

Der Ruf nach Reform an Haupt und Gliedern (reformatio in capite et in membris) wurde immer lauter und ungeduldiger. Eine geradezu explosive Stimmung breitete sich aus. Nicht wenige versanken in Hoffnungslosigkeit und Resignation. Immer mehr verstärkte sich die Auffassung: Nur ein Allgemeines Konzil kann eine Rettung der Kirche bringen.

12.
Die Tragödie des abendländischen Papstschismas

»Laßt keine Spaltungen unter euch aufkommen... Es muß auch Spaltungen unter euch geben, damit offenbar wird, wer sich unter euch bewährt... Gott ist kein Gott der Unordnung, sondern des Friedens«.
(1 Kor 1,10; 11,19; 14,32)

Im Jahr 1377 war der französische Papst Gregor XI. (1370 – 1378) als Letzter der Petrusnachfolger, die in Avignon residierten, nach Rom zurückgekehrt. Was jetzt die gesamte Christenheit dringend nötig gehabt hätte, war eine innere und äußere Stabilisierung der römischen Führungsgremien. Bedrückend war gewiß die »Babylonische Gefangenschaft der Päpste in Avignon« (1305 bzw. 1309 – 1377). Was aber nach dem Tod des Papstes Gregor XI. († 27. März 1378) folgte, war eine totale Zerrüttung der Kirchenführung und eine erschütternde Verunsicherung, ja Demontage des Glaubens des einfachen, christlichen Volkes.

Papstliste bis zum Beginn der Renaissance

Die Liste der Päpste, die in dem Zeitraum zwischen der Rückkehr aus Avignon (1377) im Zeitalter der Reformkonzilien bis zum Beginn der Renaissance – unter Papst Nikolaus V. (1447 – 1455) – regierten, weist neben sechs rechtmäßigen Päpsten sieben Gegenpäpste auf.

Urban VI.	1378 – 1389
Klemens VII.	1378 – 1394
Bonifaz IX.	1389 – 1404
Benedikt XIII.	1394 – 1423
Innozenz VII.	1404 – 1406
Gregor XII.	1406 – 1415
Alexander V.	1409 – 1410
Johannes XXIII.	1410 – 1415
Martin V.	1417 – 1431
Klemens VIII.	1423 – 1429
Benedikt XIV.	1425
Eugen IV.	1431 – 1447
Felix V.	1439 – 1449

Um sich ein anschauliches Bild des abendländischen Papstschismas (das griechische Wort »schísma« bedeutet »Spaltung«) zu machen, soll in einer Doppelreihe die Linie der rechtmäßigen Päpste mit der Linie der Gegenpäpste synchronisiert werden. Auch die wichtigsten Reformkonzilien dieser Zeit, denen mehr Mißerfolge als Erfolge beschieden waren, werden dabei einbezogen. (Seite 101).

Papst Urban VI. (1378–1389)
Nach den französischen Päpsten in Avignon wurde mit der am 8. April 1378 erfolgten Wahl des um 1318 in Neapel (Neapolitanus) geborenen Bartolomeo Prignano (seit 1363 Erzbischof von Acerenza, 1377 Erzbischof von Bari) der Wunsch der römischen Bevölkerung erfüllt, wieder einen Italiener als Papst in Rom zu haben.

Urban VI.
(1378 – 1389)

Bonifaz IX.
(1389 – 1404)

Innozenz VII.
(1404 – 1406)

Gregor XII.
(1406 – 1415)

Klemens VII.
(1378 – 1394)

Benedikt XIII.
(1394 – 1417)

Konzil von Pisa
1409

Gregor XII.
(1406 – 1415)

Alexander V.
(1409 – 1410)

Johannes XXIII.
(1410 – 1415)

Benedikt XIII.
(1394 – 1417)

16. Ökumenisches Konzil von Konstanz
1414 – 1418

Martin V.
(1417 – 1431)

Martin V.
(1417 – 1431)

Eugen IV.
(1431 – 1447)

Klemens VIII.
(1423 – 1429)

Benedikt XIV.
(1425)

Felix V.
(1439 – 1440)

17. Ökumenisches Konzil von Basel (1431/33) – Ferrara (1438) – Florenz (1439/42) – Rom (1443/48)

Papst Gregor XII. (1406 – 1415)
Der um 1325 in Venedig (Venetus) geborene Angelo Correr wurde als Achtzigjähriger am 30. November 1406 zum Papst gewählt. Um das Papstschisma, der nach dem Konzil von Pisa (1409) sich verschärft hatte, zu beenden, dankte er im Juli 1415 ab. Nach seinem Tod am 18. September 1417 wurde er im Dom von Recanati (südlich von Ancona) beigesetzt.

Grabmal des Gegenpapstes Johannes XXIII. (1410 – 1415), das Cosimo de Medici im Baptisterium (Baptisterio di S. Giovanni) in Florenz durch Bartolomeo di Michelozzo (1396 – 1472) und Donatello (1386 – 1466) errichten ließ. ▷

IOANES QVODAM PAPA
XXIII OBIIT FLORENTIE A
NO DNI MCCCCXVIIII XI
KALENDAS IANVARII

Es ist erschütternd, daß es dem Konzil von Pisa (1409) nicht gelang, das vorhandene Papstschisma zu beenden. Im Gegenteil, nach Abschluß des Konzils kam es zu einer Verschärfung des Schismas. Die damaligen Konzilsväter glaubten nämlich, mit einer Radikalkur dem Elend ein Ende bereiten zu können. Sie setzten die beiden bisherigen Päpste, den rechtmäßigen Papst Gregor XII. und den Gegenpapst Benedikt XIII., ab und setzten einen neuen Papst, Alexander V. (1409 – 1410), ein. Sie waren des törichten und unrealistischen Glaubens, damit die mißliche Angelegenheit bereinigt zu haben. Sie haben aber weder mit den abgesetzten Päpsten noch mit den hinter ihnen stehenden Parteien gerechnet. Die abgesetzten Päpste dachten nämlich nicht daran zurückzutreten, so daß das Papsttum nach dem Konzil von Pisa, wie damals geschrieben wurde, »aus der verruchten Zweiheit in die verfluchte Dreiheit« geraten war.

Erst das Konzil von Konstanz (1414 – 1418) konnte eine Klärung anbahnen. Der rechtmäßige Papst Gregor XII. trat 1415 zurück. Im gleichen Jahr wurde der unrechtmäßige Papst Johannes XXIII. abgesetzt, zwei Jahre später der zweite Gegenpapst, Benedikt XIII. Nun war endlich der Weg frei für eine Neuwahl und für ein einiges Papsttum. Am 11. November 1417 wurde Martin V. (1417 – 1431) einstimmig zum Papst gewählt. Die noch auftretenden Gegenpäpste Klemens VIII. (1423 – 1429), Benedikt XIV. (1425) und Felix V. (1439 – 1449) gerieten mehr und mehr ins Abseits und verloren an Gefolgschaft. Mit Felix V. (1439 – 1449), der bereits am 7. April 1449 in Lausanne resigniert hatte, ist am 7. Januar 1451 der letzte Gegenpapst der bisherigen Papstgeschichte gestorben.

Hintergründe des abendländischen Papstschismas

Der »Erfolg« des Konzils von Pisa (1409) war nicht die Lösung, sondern die Verschärfung der Misere, denn jetzt gab es ein dreiköpfiges Schisma. Was sich bereits während des Aufenthaltes der Päpste im französischen Avignon abzeichnete, erwies sich auf dem 16. Ökumenischen Konzil in Konstanz (1414 – 1418) als innerkirchliches Problem, das man auf eine ganz neue, politisch-demokratische Form zu lösen versuchte.

Nach dem Vorbild der damaligen Universitätsstatuten wurde am 7. Februar 1415 eine sehr entscheidende Änderung der Geschäftsordnung und zwar hinsichtlich der Stimmabgabe beschlossen. Es wurde festgelegt, daß bei Abstimmungen der Konzilien nicht mehr die Konzilsväter nach ihrer persönlichen Gewissensentscheidung abstimmen, sondern daß jeweils die Nationen (Deutschland, Frankreich, England, Italien, seit 1416 auch Spanien) mit nur einer einzigen Stimme zur Urne gehen. Der »deutschen« Nation schlossen sich die Schotten, Dänen, Schweden, Norweger, Böhmen, Polen und Ungarn an. Innerhalb der nationalen Fraktion konnten auch die Kardinäle ihre Argumente und ihren Einfluß zur Geltung bringen.

Ohne Zweifel war man mit dieser Lösung, auf dem Konzil nach Nationen abzustimmen, aus der einen Sackgasse in eine andere Sackgasse geraten. Das neue Abstimmungsverfahren hat gewiß zunächst die »übernationale« Beschluß- und Handlungsfähigkeit des Konzils gesichert. Es war aber nicht zu vermeiden, daß nationale Spannungen und kriegerische Verwicklungen auch Rückwirkungen auf die Entscheidungen der nationalen Konzilsfraktionen haben konnten. So hat es – um nur ein einziges Beispiel zu erwähnen – während des Konzils von Konstanz einen fast hundertjährigen Krieg zwischen Frankreich und England (1339 – 1453) gegeben – ein recht unerquickliches Schauspiel, das zwei »christliche« Nationen gaben.

▷

Grabmal des Papstes Martin V. (1417 – 1431) in der Lateranbasilika in Rom. Die Inschrift rühmt den Papst als »Glück für seine Zeit«.

In dieser kriegerischen Auseinandersetzung zwischen Frankreich und England wurde die neunzehnjährige Jeanne d'Arc von burgundischen Landsleuten an die Engländer ausgeliefert. Es kam zu einem schamlosen, von den Engländern inszenierten Schauprozeß vom 21. Februar bis zum 24. Mai 1431, in dem die »Jungfrau von Orléans« als Ketzerin verurteilt und am 30. Mai 1431 auf dem Marktplatz von Rouen auf dem Scheiterhaufen verbrannt wurde (am 16. Mai 1920 durch Papst Benedikt XV. heiliggesprochen!).

Es ist sicherlich nicht gerechtfertigt, den »Demokratisierungsprozeß« des Konzils von Konstanz nur zu begrüßen. Die Abstimmung nach Nationen konnte zu einer unheilvollen Politisierung künftiger Konzilien ausarten, indem politische und militärische Auseinandersetzungen in konziliaren Debatten und Abstimmungen sich fortsetzten.

Ketzerverurteilung in Konstanz

Zu den großen und dringenden Themen des Konzils von Konstanz gehörten neben dem Ringen um die Beendigung des skandalösen, dreiköpfigen Papstschismas die Abwehr auftretender Glaubensverunsicherungen. Es ist jedoch erschütternd und entlarvend zugleich, daß das Konzil schneller die Verurteilung des Priesters und Professors der Universität Prag Jan Hus (geboren um 1370 in Husinec) beschlossen hat, als die Beendigung des Papstschismas erreichen konnte. Hus, der starke Inspirationen durch die Werke des Engländers John Wicliff (1320 – 1384) empfangen hatte, glaubte an eine aus der Heiligen Schrift erneuerungsfähige Geistkirche der Zukunft, die eine »andere« Kirche sein würde als die skandalöse Kirche seiner Gegenwart war. Wie bereits Wicliff so hat auch er ein bitteres Wort hinausgeschrien, das später Martin Luther aufgegriffen hat: das Papsttum sei vom Antichrist gestiftet. Hus wurde trotz des Geleitbriefes und der Zusicherungen des deutschen Kaisers Sigismund (1410 – 1437) am 6. Juli 1415 als Ketzer auf dem Scheiterhaufen in Konstanz verbrannt.

Hus, dem tiefe Gläubigkeit nicht abzusprechen ist, sollte nach dem Willen nichr weniger Konzilsväter aus dem Gedächtnis der Christenheit »ausradiert« werden. Damit nicht mit seinem Leichnam noch ein Kult betrieben wird, wurde die Asche in den Rhein geschüttet. Kein Stäubchen sollte von ihm übrigbleiben. Unverkennbar ist der tschechische Nationalstolz und das stolze Wissen um die tschechische Rechtgläubigkeit, wenn Hus sich auf dem Konzil zu Konstanz mit den Worten verteidigte: »Ich lehre keinen Irrtum. Kein Tscheche ist ein Häretiker«.

Hoffnungsschimmer einer Wiedervereinigung mit der Ostkirche

Das 17. Ökumenische Konzil von Basel (1431/33) – Ferrara (1438) – Florenz (1439/42) – Rom (1443/48) hat sich als »Unionskonzil« verstanden. Es stand bei allen Wirren und trotz vieler Schwierigkeiten und wechselnder Tagungsorte unter der innerchristlichen Not der Spaltung der Westkirche und der Ostkirche (seit 1054). Es gelang tatsächlich, mehrere Unionsvereinbarungen zu beschließen: 6. Juli 1439 Union mit den Griechen, 22. November 1439 Union mit den Armeniern, 4. Februar 1442 Union mit den Jakobiten. Was nach mühsamen und aufrichtigen Verhandlungen zu Papier gebracht worden war, hatte im Kirchenvolk des Osten keinen praktischen Erfolg. Vor allem das Mönchtum des Ostens schürte die immer höher steigenden, psychologischen Antipathien. Sie verkündeten, eine Annahme dieser Beschlüsse des abendländischen Unionskonzils könne nur als geistig-geistlicher Selbstmord der Orthodoxie gesehen und verurteilt werden.

Zeitgenössische Karikatur (mit späterer Beschriftung) der Verurteilung von Jan Hus (mit der Ketzerkappe) auf dem Konzil von Konstanz, wo er am 6. Juli 1415 verbrannt wurde. Er starb mit den Worten: »Mein Jesus, diesen grausamen und schimpflichen Tod will ich um dich und um deiner Worte willen gerne erleiden«.

Papst Eugen IV. (1431 – 1447)
Der um 1383 in Venedig (Venetus) geborene Gabriele Condulmer wurde am 3. März 1431 zum Papst gewählt. Unter ihm wurde das 17. Ökumenische Unionskonzil von Basel–Ferrara–Florenz eröffnet. Nach seinem Tod am 23. Februar 1447 wurde er im Oratorium dei Piceni an der römischen Kirche S. Salvatore in Lauro beigesetzt.

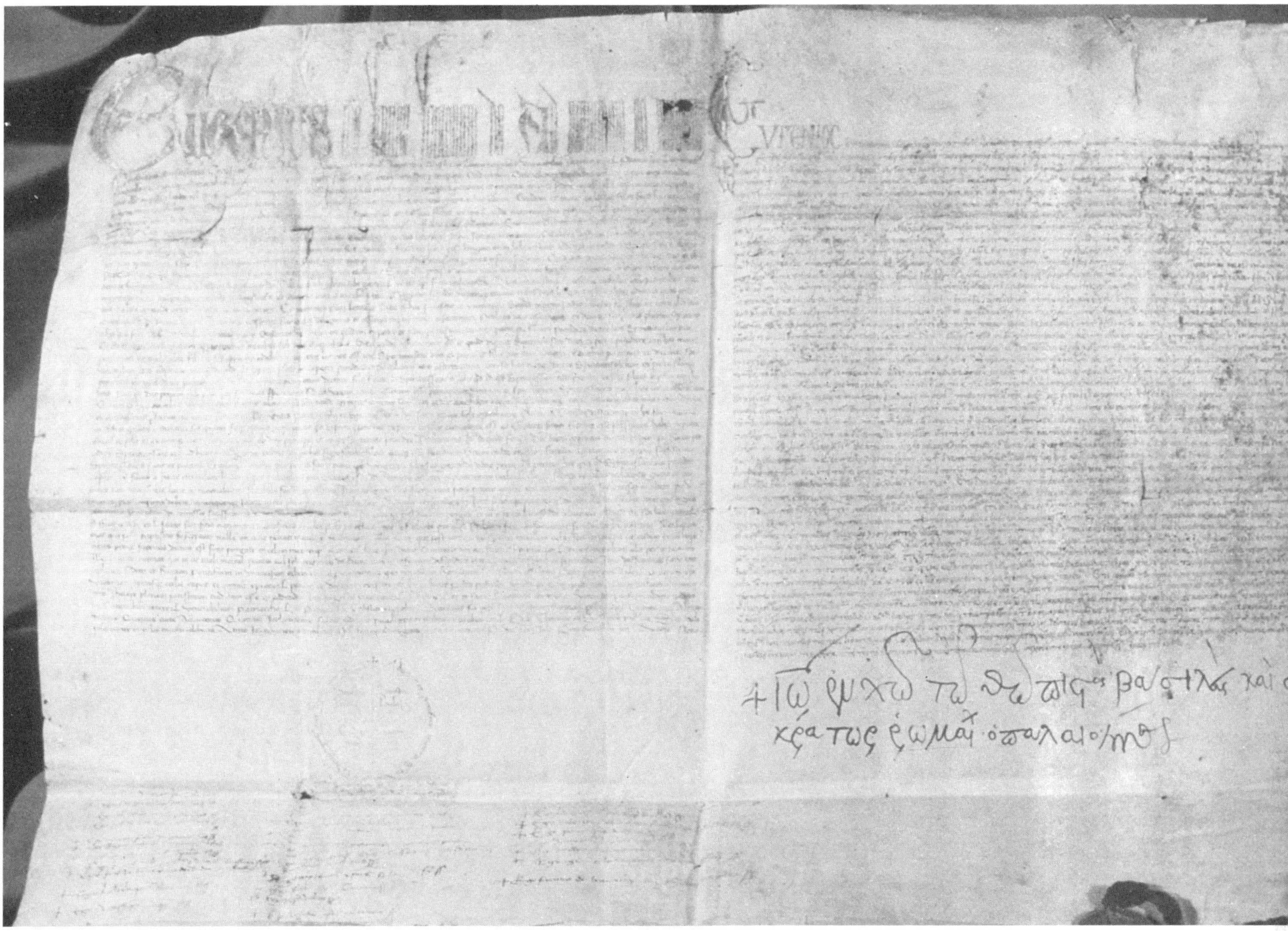

Dokument über die Unionsvereinbarung mit den Griechen vom 6. Juli 1439 auf dem Unionskonzil von Florenz (Geheimarchiv des Vatikans).
In harten, aber brüderlichen, um Wahrheit und Einheit ringenden Diskussionen wurden viele offene Fragen zwischen der Ostkirche und der Westkirche angesprochen (z. B. das filioque, Konsekrationsworte und Epiklese in der Meßfeier, Fegfeuer). Erstaunlich war die gemeinsame Aussage über den seit Jahrhunderten strittigsten Punkt: Wiedervereinigung des getrennten Ostens, Einheit der Kirche und Vorrang des römischen Papstes. Über die Stellung des Papstes in der Gesamtkirche heißt es in dem Unionsdokument mit den Griechen vom 6. Juli 1439: ». . . Wir bestimmen, daß der Heilige Apostolische Stuhl und der römische Bischof Nachfolger des heiligen Petrus, des Apostelfürsten, wahrer Stellvertreter Christi, Haupt der gesamten Kirche und Vater und Lehrer aller Christen ist; daß ihm im heiligen Petrus die volle Gewalt, die ganze Kirche zu weiden, zu regieren, und zu verwalten von unserem Herrn Jesus Christus übergeben ist, wie es die Versammlungsberichte der Allgemeinen Kirchenversammlungen und die heiligen Rechtssätze enthalten«.

Notrecht des Konzils?

Am Ende des christlich-abendländischen Mittelalters, als infolge des Papstschismas fast jeder Christ – je nach seiner Parteinahme – entweder vom rechtmäßigen Papst oder vom Gegenpapst exkommuniziert war, wurde der Ruf nach einer gründlichen und endgültigen Lösung der innerkirchlichen Führungsprobleme immer lauter, unausweichlicher, zorniger. Nicht mehr den Päpsten, sondern nur noch einem über den Päpsten stehenden Allgemeinen Konzil traute man den Mut und die Kraft zu einer radikalen Reform der Kirche und des Papsttums zu. In den Diskussionen und Veröffentlichungen der wissenschaftlichen Theologen der damaligen Zeit wurde eingehend und mit einem immer breiter werdenden Konsens über die Absetzbarkeit der Päpste verhandelt.

Im cinfachen Volk breitete sich gewiß Resignation aus. Erstaunlich ungebrochen war aber an der Basis des frommen Kirchenvolkes der bergeversetzende Glaube an eine erneuerungsfähige und erneuerungswillige Kirche. Wie lange noch konnte aber mit der schon längst überfälligen Reform der Kirche an Haupt und Gliedern gewartet werden? Es war ein Alarmschrei, als der Karmelit Battista Spagnoli von Mantua angesichts des skrupellosen Finanzgebarens eines der ersten Renaissancepäpste, Sixtus IV. (1471 – 1484), schrieb: »Käuflich sind uns Tempel, Priester, Altäre, . . . der Himmel ist käuflich und auch Gott«.

Die Neuzeit
16. – 20. Jahrhundert

13.
Päpste im Zeitalter der Glaubens- und Kirchenkrise

»Macht euch nicht dieser Welt gleichförmig« (Röm 12,2).
»Wo aber die Sünde mächtig wurde, da ist die Gnade übergroß geworden« (Röm 5,20).

An der Wende vom 15. zum 16. Jahrhundert bricht im gesamten europäischen Raum eine elementare Sehnsucht nach Erneuerung auf. Im »Herbst des Mittelalters« (Johan Huizinga) scheint ein unverkennbarer Ermüdungs- und Abnützungsprozeß nicht wenige mit Sorge für die Zukunft erfüllt zu haben. Weil man in der unmittelbaren Gegenwart keine zukunftsverheißenden Impulse erblickte, glaubte man durch einen Rückgriff auf große Epochen der Vergangenheit, vor allem im Aufgreifen ihrer heilenden Kräfte die Übel der Gegenwart überwinden und dem Menschsein wie dem Christsein eine bessere und gesicherte Zukunft erschließen zu können.

Dieser Rückgriff in die große Vergangenheit hat sich in zwei Alternativen geschichtlich verwirklicht. Die Renaissance erhoffte von einem Rückgriff in die griechisch-römische Antike eine »Wiedergeburt« des Menschen und einen optimistischen Aufbruch seiner vielschichtigen Lebensbereiche. Die Reformation wiederum erwartete von einem Rückgriff in die Welt und Kraft der Bibel einer Erneuerung der Christenheit aus der Kraft und Unverdorbenheit des Anfangs. Es läßt sich feststellen, daß die Grundströmung der Renaissance nicht wenige Anregungen auch dem reformatorischen Aufbruch gegeben hat.

Um die Zukunft zu gewinnen, glaubte man, die miserable Gegenwart vergessen und aus der Vergangenheit die Kräfte der Erneuerung schöpfen zu müssen. Der Rückgriff in die Vergangenheit war letztlich ein Protest gegen Persönlichkeiten, Mächte und Institutionen der Gegenwart, denen man eine grundlegende und langfristige Erneuerung nicht mehr zutraute. Nur eine entschiedene Rückkehr zum biblisch-urchristlichen Fundament und Engagement konnte der Reform und Zukunftshoffnung der Kirche dienen.

▷

Erasmus Desiderius von Rotterdam (1466 – 1536) veröffentlichte 1516 in Basel den revidierten Text des Neuen Testaments (Novum instrumentum), den bereits Martin Luther bei seinen Römerbrief-Vorlesungen benützte. Den Begründer des theologischen Humanismus hat man »Voltaire des 16. Jahrhunderts« genannt. Gemälde von Holbein d. J. (1497 – 1543). Louvre, Paris.

Liste der Renaissance-Päpste

Eine »geschönte«, retuschierte und die harten Fakten der tatsächlichen Geschichte ausklammernde Geschichtsschreibung könnte hier »weiße Blätter« liefern. Gewiß kann man eine Liste von Mördern, Ehebrechern und von Korruptionsskandalen zusammenstellen, um – je nach Standort – bald zynisch, bald beschämt die Geschichte der damaligen Päpste aufzurollen. Ohne Zweifel waren die damaligen Päpste Kinder ihrer Zeit, die bei Wein und Weib, bei Festgelagen und ausschweifenden Karnevalsvergnügungen sich belustigten. Was schmerzlich auffällt, ist die Tatsache, daß den meisten von ihnen das Leiden an einer aus vielen Wunden blutenden Kirche und auch die Sorge um die Erneuerung der Kirche fremd war. Nicht die Päpste litten am Zustand der Kirche, wohl aber litt die Kirche als Volk Gottes an vielen der damaligen Päpste. Man hat im Vatikan nicht ernstgenommen, was seit den Katharern und Waldensern, seit Wicliff und Hus an leidenschaftlicher Unruhe lautstark und unüberhörbar sich angemeldet hatte.

Nikolaus V.	1447–1455
Kalixtus III.	1455–1458
Pius II.	1458–1464
Paul II.	1464–1471
Sixtus IV.	1471–1484
Innozenz VIII.	1484–1492
Alexander VI.	1492–1503
Pius III.	1503
Julius II.	1503–1513
Leo X.	1513–1521
Hadrian VI.	1522–1523
Klemens VII.	1523–1534
Paul III.	1534–1549
Julius III.	1550–1555
Marcellus II.	1555
Paul IV.	1555–1559
Pius IV.	1559–1565
Pius V.	1566–1572

Die Reihe dieser Päpste hat mit Papst Paul III. (1534 – 1549) einen deutlichen Einschnitt. Nach den Renaissance-Päpsten (1447 – 1534) beginnt mit ihm die Epoche jener Päpste, die endlich, wenngleich verspätet, die innerkirchliche Reform energisch anpackten. Das unter Papst Paul III. eröffnete Konzil von Trient (1545 – 1563) hat entscheidende Anstöße der Reform der Kirche gegeben, die bis in das 20. Jahrhundert lebendig blieben. Was aber unter den vor ihm regierenden Päpsten, vor allem unter dem Mediceer-Papst Leo X. (1513 – 1521), vornehmlich in deutschen Landen durch das Auftreten Martin Luthers bereits geschehen war, hat eine blutende Wunde aufgerissen, die durch die innerkirchliche Reform nicht mehr geheilt werden konnte.

Unter den Renaissance-Päpsten stehen neben dem tieffrommen Papst Nikolaus V. (1447 – 1455) der vornehmlich literarisch interessierte Papst Pius II. (1458 – 1464), kraftstrotzende Naturen wie Julius II. (1503 – 1513) oder Päpste, die für das Auskommen und Einkommen ihrer Kinder aus dem kirchlichen Budget sorgten, wie dies die Päpste Innozenz VIII. (1484 – 1492) und Alexander VI. (1492 – 1503) getan haben. Die meisten Päpste der Renaissancezeit waren infiziert vom Geist dieser Epoche. Gewiß sind damals gewaltige Kirchen errichtet und Stadtsanierungen in Rom durchgeführt worden. Es war aber nicht selten schmutziges Geld, das für die Finanzierung dieser Vorhaben verwendet wurde. Gewiß ist heute noch die Peterskirche in Rom ein imponierendes Bauwerk. Es kann aber nicht verheimlicht werden, daß diese Huldigung an den Renaissancegeist auch durch Gelder finanziert wurde, die Ablaßprediger eingebracht haben.

Papst Pius II. (1458 – 1464) war so sehr von der Antike fasziniert, daß er den nach seiner Wahl angenommenen Papstnamen »Pius« dem von dem römischen Dichter Vergil (70 v. – 19 n. Chr.) gepriesenen »pius Aeneas« entnommen hat. Erschütternd ist das Finanzgebaren des Papstes Sixtus IV. (1471 – 1484), der sich gewiß einen Namen geschaffen hat durch die unter seiner Ägide erbaute und ausgeschmückte »Sixtinische Kapelle« des Vatikans (40,5 m lang, 13 m breit, 26 m hoch). Ausgerechnet er, der als Mitglied und früherer Oberer des Franziskanerordens radikale Armut gelobt hatte, erwies sich

Grabmal des Papstes Nikolaus V. (1447 – 1455) in den Vatikanischen Grotten. Die Grabinschrift, die die Ereignisse seines Pontifikats rühmt, wurde verfaßt von Enea Silvio Piccolomini, dem späteren Papst Pius II. (1458 – 1464).

als Papst mit seiner unbezähmbaren Geldgier als »eine der korruptesten Gestalten der Papstgeschichte« (Hans Kühner).

Um Geld für seine Bauvorhaben einzutreiben, scheute er sich nicht, in Rom Bordelle einzurichten und daraus die eminent hohe »Vergnügungssteuer« von jährlich 80000 Golddukaten zu kassieren. Es ist ärgerlich, sehen zu müssen, daß ausgerechnet jener Papst, der als Kardinal bereits einen Sohn und eine Tochter hatte und nach seiner Papstwahl für beide auf Kosten der Kirche pompöse Hochzeiten im Vatikan gehalten hat, sich für den Papstnamen »Innozenz« (= der Unschuldige) VIII. (1484 – 1492) entschied. Bei anderen ließ er nach Dämonen und Hexen ausspionieren, die durch

Papst Leo X. (1513 – 1521), Gemälde von Raffael Santi (1483 – 1520).

Ablaßgelder. Holzschnitt aus dem »Passional Christi und Antichristi« (1520) von Lucas Cranach d. Ä. (1472 – 1553).

seine am 5. Dezember 1484 erlassene Hexenbulle »Summis desiderantes affectibis« bekämpft wurden.

In dieser Reihe der Renaissance-Päpste ist der Borja-Papst Alexander VI. (1492 – 1503) alles andere als eine Ausnahme. Frühzeitig war für sein fürstlichen Einkommen gesorgt. Bereits mit 25 Jahren (1455) war er Bischof von Valencia, aber erst 1468 ließ er sich die Priesterweihe spenden. Von mehreren Maitressen, unter denen die dreimal verheiratete Römerin Vanozza de Cataneis ihm vier Kinder (Cesare, Juan, Jofré und Lukrezia) schenkte, hat er neun Kinder erhalten. Er verstand es, mit Schmiergeldern die Wahl zum Papst sich zu erkaufen und sogar einstimmig gewählt zu werden. Es

Papst Pius II. (1458 – 1464). Die Vorderseite der päpstlichen Goldmünze (ducato papale) zeigt den Apostel Petrus mit den Zeichen seiner Führungsaufgabe (Schlüssel und Buch). Auf der Rückseite ist das Familienwappen des Papstes, der aus dem Adelsgeschlecht der Piccolomini (Siena) stammt, eingeprägt. Darüber sind die gekreuzigten Schlüssel und die Papstkrone, die Tiara, gesetzt.

Bild eines Verdammten aus dem Fresko »Das Jüngste Gericht« von Michelangelo in der Sixtinischen Kapelle.

Die Delphische Sibylle von Michelangelo aus dem Deckengemälde der Sixtinischen Kapelle.

war »der oberste Senat der Kirche selbst, das Kardinalskollegium, das zum Oberhaupt der Kirche eine Persönlichkeit erhob, wie sie unwürdiger nicht gedacht werden kann« (Franz Xaver Seppelt). Hans Kühner (Das Imperium der Päpste. Fischer-Bücherei 3425, Seite 244) schreibt über Alexander VI.: »Die Religion spielte in seinem Leben nur die Rolle einer Phrase, die Kirche bedeutete ihm nur eine Kostümfrage«. Erstaunlich ist aber, daß ausgerechnet dieser Papst für das Jahr 1500 ein »Heiliges Jahr« ausschrieb und daß er von den Spaniern und Portugiesen als Schiedsrichter angerufen wurde, um durch eine von ihm gezogene Demarkationslinie den Streit um die Aufteilung der »Neuen Welt« zu beenden.

Die wichtigsten Abschnitte aus der Demarkationsbulle »Inter cetera« (vom 4. Mai 1493) des Papstes Alexander VI., der mit ungebrochener Machtbefugnis eines mittelalterlichen Kaiser-Papstes auftrat und ganze Kontinente

Papst Pius IV. (1471 – 1484) ernennt den Humanisten Platini zum ersten Bibliothekar der Vatikanischen Bibliothek.

westlich der Azoren den Spaniern, östlich davon den Portugiesen übereignete, lauten:

... Wir schenken und übereignen Euch (d. h. den Königen von Spanien) – auf Grund unserer Großzügigkeit, unserer sicheren Kenntnis und der allumfassenden Apostolischen Gewalt, kraft der Autorität des allmächtigen Gottes, die dem heiligen Petrus verliehen wurde, und kraft unseres Amtes als Stellvertreter Jesu Christi, das wir hier auf Erden verwalten – alle Inseln und Festländer westlich und südlich einer Linie, die wir vom arktischen zum antarktischen Pol ziehen, unabhängig davon, ob sie schon bekannt sind oder noch entdeckt werden... Wir sprechen sie kraft vorliegender Urkunde auf ewig Euch, Euern Erben und Nachfolgern, den Königen von Kastilien und Léon zu, zusammen mit allen zugehörigen Gebieten, Städten, Schlössern, Ortschaften und Dörfern und allen Rechten, Jurisdiktionen und sonstigem Zubehör; und wir setzen ein, beauftragen und ernennen Euch, Euere Erben und die genannten Nachfolger zu Herren darüber mit uneingeschränkter, freier und voller Gewalt, Autorität und Jurisdiktion.

Demarkationslinie der »Neuen Welt«, 1493 festgelegt durch Papst Alexander VI. (1492 – 1503).

Durch den Spruch des Papstes (astronomisch wurde die Festlegung der Demarkationslinie präzisiert durch den Vertrag von Tordesillas vom 7. Juni 1494) wurde einerseits »eine Reihe von schwierigen Grenzfragen ohne Krieg geschlichtet« (Ludwig von Pastor), andererseits war die päpstliche Entscheidung mit der Auflage verbunden, daß Spanier wie Portugiesen die Sorge für die Ausbreitung des Christentums in den neuen Besitzungen in eigener Regie zu übernehmen hätten. Die in erster Linie politischen und wirtschaftlichen Unternehmungen standen dadurch unter der »frommen« Devise, Kreuzzüge zur Ausbreitung des Glaubens zu sein.

Für den fernöstlichen Raum wurde 1529 unter Papst Klemens VII. (1523 – 1534) eine Demarkationslinie festgelegt, die die spanische von der portugiesischen Interessensphäre abgrenzte.

Daß die Christenheit trotz vielfältiger Skandale der Päpste immer noch an Jesus Christus glaubte und mit inbrunstiger, wenngleich nicht selten magisch anmutender Frömmigkeit auf Wallfahrten ging, Abläße enpfing und zu den Sakramenten der Kirche ging, ist allein der rettenden Gnade Gottes, nicht aber seinen Stellvertretern auf Erden zu verdanken. Gewiß hat das Gros der einfachen Christen von den damaligen Skandalpäpsten kaum präzise Vorstellungen gehabt, da es damals nicht die Möglichkeit der weltweiten Nachrichtenvermittlung wie im heutigen Zeitalter der Medien gegeben hat. Aber die Erfindung der Buchdruckerkunst durch den Mainzer Johannes Gutenberg (1397 – 1468) hat immer stärker auch die innerchristlichen Auseindersetzungen der damaligen Zeit bekannt gemacht und beeinflußt. Die Erfindung der Buchdruckerkunst war eine fundamentale Voraussetzung für die schnelle Verbreitung der Thesen und Kampfschriften Martin Luthers (1483 – 1546). Ohne sie wäre es auch nicht zu einer so breiten, antirömischen Meinungsfront gekommen.

Unter den Päpsten, die in der »heißen« Phase des Reformationszeitalters lebten, ist zu nennen der Niederländer Hadrian VI., der als Papst seinen Taufnamen Hadrian (wie übrigens auch Papst Marcellus II. 1555) beibehalten hat.

Er war der letzte, nichtitalienische Papst bis auf den am 16. Oktober 1978 gewählten, heute regierenden Papst aus Polen Karol Wojtyla = Johannes Paul II. Papst Hadrian VI. (1522 – 1523) hätte ein hörender und verständnisbereiter Gesprächspartner vor allem des deutschen Augustiner-Eremiten Martin Luther (1483 – 1546) sein können, denn er kannte allzu genau die tiefgreifenden Mißstände der damaligen Kirche. Auf dem Reichstag zu Nürnberg ließ dieser Papst durch seinen Nuntius Francesco Chieregati am 3. Januar 1523 ein freimütiges Schuldbekenntnis verlesen, in dem es hieß:

... Wir wissen wohl, daß auch bei diesem Heiligen Stuhl schon seit manchem Jahr viel Verabscheuungswürdiges vorgekommen ist, Mißbräuche in geistlichen Sachen, Übertretungen der Gebote, ja, daß alles sich zum Argen verkehrt hat. So ist es nicht zu verwundern, daß die Krankheit sich vom Haupt auf die Glieder, von den Päpsten auf die Prälaten verpflanzt hat. Wir alle, Prälaten und Geistliche, sind vom Weg des Rechtes abgewichen... Gerne hätten wir die Tiara ausgeschlagen... Wir wollen verwalten nicht aus Herrschsucht, noch zur Bereicherung unserer Verwandten, sondern um der heiligen Kirche, der Braut Gottes, ihre frühere Schönheit wiederzugeben, den Bedrückten Beistand zu leisten, gelehrte und tugendhafte Männer emporzuheben, überhaupt alles zu tun, was einem guten Hirten und wahren Nachfolger des heiligen Petrus zu tun gebührt.

Aufteilung der spanischen und portugiesischen Interessensphären durch die Demarkationslinien 1493 (für den amerikanischen Bereich) und 1529 (für den fernöstlichen Raum).

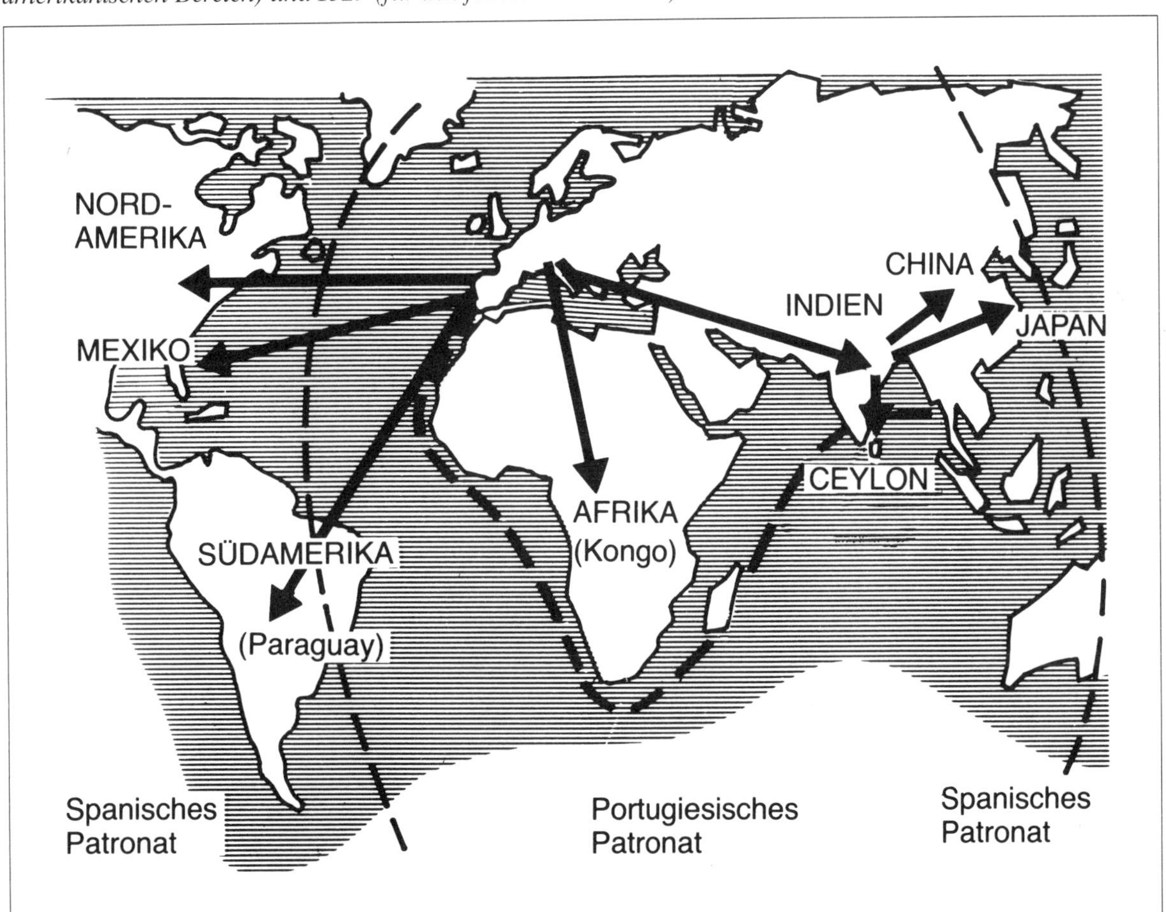

Grabmonument des Papstes Innozenz VIII. (1484 – 1492), geschaffen 1498 von Antonio Pollaiolo, in der Peterskirche in Rom.

Papst Alexander VI. (1492 – 1503), Gemälde in der Sala dei Misteri des Appartamento Borgia (Vatikan). Der Ausschnitt aus einem Wandgemälde zeigt den knienden Papst »in voller derber Kraft« (Ludwig von Pastor) mit dem perlengeschmückten Pluviale, neben ihm die päpstliche Tiara, vor dem auferstandenen Christus.

Es bleibt eine an Gott selbst zu richtende Anfrage, warum ausgerechnet diesem frommen, reformbedachten Papst Hadrian VI. eine nur zwanzig Monate lange Regierungszeit geschenkt wurde (zum Papst gewählt am 9. Januar 1522, gestorben am 14. September 1523, beigesetzt in der deutschen Nationalkirche Santa Maria dell'Anima, auf der rechten Seite des Chores, in Rom)!

Glaubensproteste im christlichen Abendland

Seit Jahrhunderten hat sich ein breites Unbehagen gegen die Kirche, speziell gegen die Päpste in Avignon wie in Rom, angestaut. Sprecher dieses vielschichtigen und unterschiedlich motivierten Protestes waren (siehe unten die Geschichtstabelle):

Papst Hadrian VI. (1522 – 1523). Anonymes Gemälde aus der 2. Hälfte des 16. Jahrhunderts (Uffizien, Florenz).

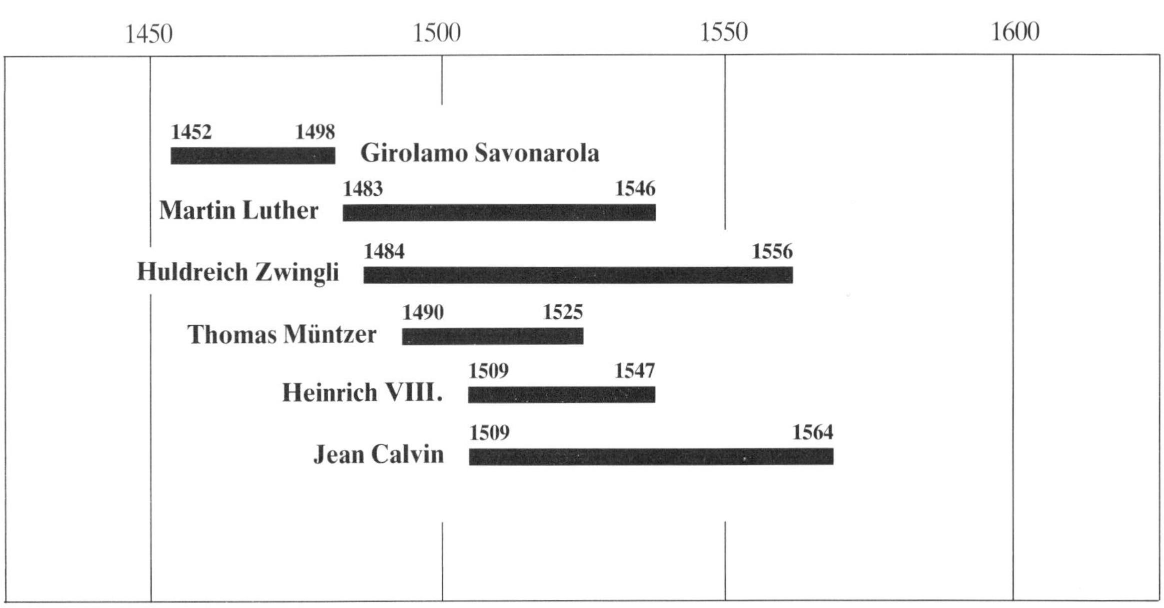

Warhafftige Bildnis des Ehrwirdigen Herrn / Doctoris Martini Lutheri / Seines Alters im LXiij Jar.

Warhafftige Ankunfft / Leben vnd Ende Luth.

ANNO CHRISTI.		Seins Alters.
1483	Doctor Martin der Hochgelart / Zu Eißleben geboren wart.	
1497	Vnd da er alt war vierzehen jar / Zu Magdeburg ein Schüler war.	14
1503	Darnach er zu Erffurt studiert / In Magistrum er promouiert.	20
1507	Zu Erffurt in ein Kloster kam / Augustiner Orden an nam.	24
1508	Gen Wittenberg schickt jn der Ordn / Da ist er ein Professor wordn :	25
1510	Hernachmals auch zu Meylandt war / War alt sieben vnd zwentzig Jar.	27
1511	Im Jar hernach / so bald zu hand / War er zu Rom ein Monat lang.	28
1512	Darnach er auch empfangen hat / Zu Wittenberg sein Doctorat.	29
1517	Wider den Ablas er da lert / Des Babsts gewalt er gantz vmbkert.	34
1518	Must darumb zu Augspurg für stan Vorm Keiser Maximilian.	35
1518	Vnd auch vor des Babsts Hochgelarten / Die aldo seine Lehr verhorten.	35
1519	Zu Leipzig in der Fürstlich Stad Mit Ecken disputiret hat.	36
1521	Zu Wurmes auch auff dem Reichstag / Bekand sein lehr on alle zag.	38
1521	Vor Keiser Carlen auch des gleich / Darzu vorm gantzen Römischen Reich.	38
1525	Darnach die Katharin von Bohrn Hat er jm zu eim Weib erkorn /	42
1525	Vnd sie genomen zu der Ehe / Das that manchem Papisten wehe.	42
1529	Im Sacrament der Zwingel jrt / Mit jm zu Marpurg disputirt.	46
1539	Das rein Gotts wort gepredigt hat / Zu Leipzig nach Hertzog Görgn tod.	56
1546 18. Febru:	Darnach seliglich zu Eißleben Beschlos er sein zeitliches lebn.	63
22. Febru:	Jung vnd auch Alt jn hoch beklagt / Sein Leib gen Wittenberg ward bracht.	
	In der Schloßkirchn begraben ist / Ruhet itzund in JHESV CHRIST / Den er gelert hat vnd bekend / Gott geb vns auch ein seligs End. AMEN.	

Bild und Tabelle der Lebensdaten Martin Luthers. Zwei Holzschnitte (1546) von Lucas Cranach d. Ä.

Ein leidenschaftliches Fanal der Kirchenkritik mit dem Ziel der überfälligen Kirchenreform setzte der Dominikanermönch Girolamo Savonarola. Savonarola stand dem Borja-Papst Alexander VI. (1492 – 1503) gegenüber. Als ihm dieser, um ihn mundtot zu machen, das Angebot des Kardinalshutes machte, gab Savonarola die klare Antwort: »Ich will keinen roten Hut, keine großen oder kleinen Mitren, den roten Hut, den blutigen Hut, begehre ich«.

Der Prozeß gegen ihn war eine Farce, denn das Todesurteil stand bereits vor Beginn fest. Am Mittwoch, 23. Mai 1498, dem Tag vor Christi Himmelfahrt, wurde Savonarola mit zwei Mitbrüdern aus dem Dominikanerkloster San Marco auf der Piazza della Signorina in Florenz (eine Gedenkplatte erinnert heute noch daran) gehängt. Ihre Leichen wurden sofort auf dem gleichen Platz verbrannt und die Asche vom Ponte Vecchio aus in den Arno geschüttet.

»Es war die verhängnisvollste Schicksalstunde der römischen Kirche, als sie den florentinischen Propheten aus ihrer Gemeinschaft verstieß; damals verriet sie ihr besseres Selbst. Hätte sie es über sich gebracht, auf ihn zu horchen und seiner Mahnung zu folgen, so hätte sie die Reformation vereitelt und der Weltgeschichte andere Bahnen gewiesen« (Joseph Schnitzer).

Von unterschiedlichen Positionen aus und mit verschiedenen Argumenten hat sich der

König Heinrich VIII. von England (1509 — 1547), 1537 gemalt von Holbein d. J. (1497 — 1543), der durch Empfehlung des Lordkanzlers Thomas Morus 1536 als Hofmaler in den Dienst Heinrich VIII. trat.

◁
Bild des Dominikanerpriors Girolamo Savonarola, gemalt von Fra Bartolmeo mit der (hier weggelassenen) lateinischen Inschrift »Hieronymi Ferrariensis a deo missi prophetae effigies« (Bildnis des in Ferrara — am 21. September 1452 – geborenen, von Gott gesandten Propheten Girolama. (Dominikanerkloster San Marco, Florenz).

christlich-abendländische Protest artikuliert. Wie verschieden die Ausgangspositionen waren, kann daraus ersehen werden, daß der englische König Heinrich VIII. noch im Herbst 1521 gegen Martin Luther eine Verteidigung der sieben Sakramente (Assertio septem sacramentorum) veröffentlichte und dafür mit dem Titel »Defensor fidei« ausgezeichnet wurde (den die Könige von England heute noch tragen und abgekürzt DF auf ihren Münzen einprägen!), später aber sich leidenschaftlich gegen Rom wandte.

Die Gründe, die zur Abspaltung der Kirche Englands im 16. Jahrhundert führten, sind in der Person des Königs Heinrich VIII. und seiner Ehescheidungsaffäre zu suchen. Man sollte gerechter Weise hinzufügen, daß hinter dem Antrag auf Ehescheidung auf Seite des englischen Königs auch die Frage, wie eine männliche Thronfolge gesichert werden könne, stand. Als Papst Klemens VII. (1523–1534) die Ehescheidung verbot, setzte sich der König über diesen päpstlichen Entscheid hinweg und ließ sich zum Oberhaupt der Kirche Englands erklären. Fast alle Äbte, Bischöfe und Erzbischöfe Englands, an ihrer Spitze der Erzbischof von Canterbury, erklärten die Ehe des Königs mit seiner ersten Frau Katharina von Aragonien für ungültig. Thomas Morus (1478–1535), der damals zwischen seinem Staatsamt als Lordkanzler und seiner Gewissensüberzeugung als katholischer Christ in schwersten Gewissenskonflikt geriet, stellte sein Amt zur Verfügung.

1534 wurde ihm der Hochverratsprozeß gemacht. Der Herzog von Norfolk versuchte damals Thomas Morus in aller Freundschaft umzustimmen. Er warnte: »Es ist gefährlich, mit Fürsten zu streiten. Des Königs Zorn bringt den Tod«. Morus antwortete: »Ist das alles, Mylord? Dann gibt es zwischen Euer Gnaden und mir keinen anderen Unterschied, als daß ich heute sterbe und Ihr morgen«.

Nach fast eineinhalbjähriger Haft im Tower zu London wurde Thomas Morus am 6. Juli 1535 enthauptet. Seine letzten Worte: »Ich leide den Tod für den Glauben der heiligen, katholischen Kirche. Betet für mich in dieser Welt und ich will für euch in der anderen Welt beten. Betet für den König, damit es Gott gefalle, ihm gute Ratgeber zu schenken. Ich sterbe als des Königs treuer Diener, doch Gottes zuerst. Gebe Gott, daß mein Tod dem König Gutes bringt«.

Es sind unterschiedliche, nicht vergleichbare Ursachen und Anstöße gewesen, die zur Reformation in Deutschland, in der Schweiz, in England, in den nordischen Ländern (Dänemark, Norwegen, Schweden) führten. Unter diesen Aktionen ist die in den nordischen Ländern am bedauerlichsten. Sie wurde »von oben« verordnet. Sie hat die katholische Kirche wie sonst nirgends »ausradiert«. Der evangelische Kirchenhistoriker Karl Heussi schreibt dazu: »Diese Reform entsprang nicht dem religiösen Bedürfnis des Volkes, sondern der Politik der Fürsten, die dem Volke die neue Gestaltung der Kirche aufzwangen«.

Nicht eine erneuerte Kirche stieg aus den heftigen Diskussionen und Aktionen des 16. Jahrhunderts hervor, vielmehr begannen »neue« Kirchen neben der römischen Kirche sich zu etablieren. Spätestens nach dem Augsburger Religionsfrieden (1555) war die eine Kirche Jesu Christi in Europa in christliche Konfessionen zersplittert, die sich zwar alle auf die Heilige Schrift beriefen, aber über der Auslegung des Gotteswortes sich zerstritten hatten.

Der Tower in London, das Gefängnis, in dem Thomas Morus fünfzehn Monate bis zu seiner Enthauptung am 6. Juli 1535 gefangengehalten wurde. Zum 400. Todesjahr wurde er am 6. Juli 1935 durch Papst Pius XI. heiliggesprochen.

Katholische Reform – Antwort der Orden

Es stellt eine grobe Verzeichnung der geschichtlichen Wirklichkeit dar, im 16. Jahrhundert der Kirchengeschichte nur von Verderbnis, Schurkerei, Korruption, Ablaßhandel und Papstskandalen zu sprechen. Unabhängig, da und dort gewiß auch angestoßen durch die massive Kritik Martin Luthers an den Orden, hat es im gleichen Jahrhundert der Massenflucht aus dem Priester- und Ordensstand auch einen monastischen Frühling mit einer erstaunlichen Vielzahl neuer Ordensgründungen gegeben.

Wie sehr die Kräfte der Reform und Erneuerung aus der Tiefe der Kirchentreue und einer engagierten Glaubensüberzeugung, aus einer starken Mystik ebenso wie aus einer verantwortungsvollen Zuwendung zum Menschen in seinen vielfältigen Nöten kamen, kann daraus ersehen werden, daß das 16. Jahrhundert »Jahrhundert der Heiligen« genannt werden konnte.

»Der höchste Ruhm dieses 16. Jahrhunderts innerhalb der katholischen Kirchengeschichte und das, was zutiefst den innerkirchlichen Umschwung herbeiführte und ihm Bestand gab, das, was auch Kraft und religiösen Wert der gegenreformatorischen Bewegung ausmacht, ist die damals aufblühende Heiligkeit... Alle in einer herrlichen Freiheit, in überraschender, manchmal sogar schockierender Eigenart geprägt: echtes Leben, keine Schablone. Und doch alle zutiefst gebunden in dem einen Christus und an die eine Kirche!« (Joseph Lortz).

Fast zur gleichen Zeit, da es in Deutschland, in der Schweiz, in England und in den nordischen Ländern (Dänemark, Norwegen und Schweden) zur Einführung der Reformation mit durchaus unterschiedlicher Motivation und theologischer Akzentuierung kam, begann in Spanien, aber auch in Italien eine innere Reform der Kirche, eine Vertiefung ihres Glaubens, ihrer Mystik, ihres caritativen Einsatzes – ein Zeugnis dafür, daß bei aller Brüchigkeit und Reformbedürftigkeit der Kirche in ihrer Tiefen-

Die wichtigsten Neugründungen:

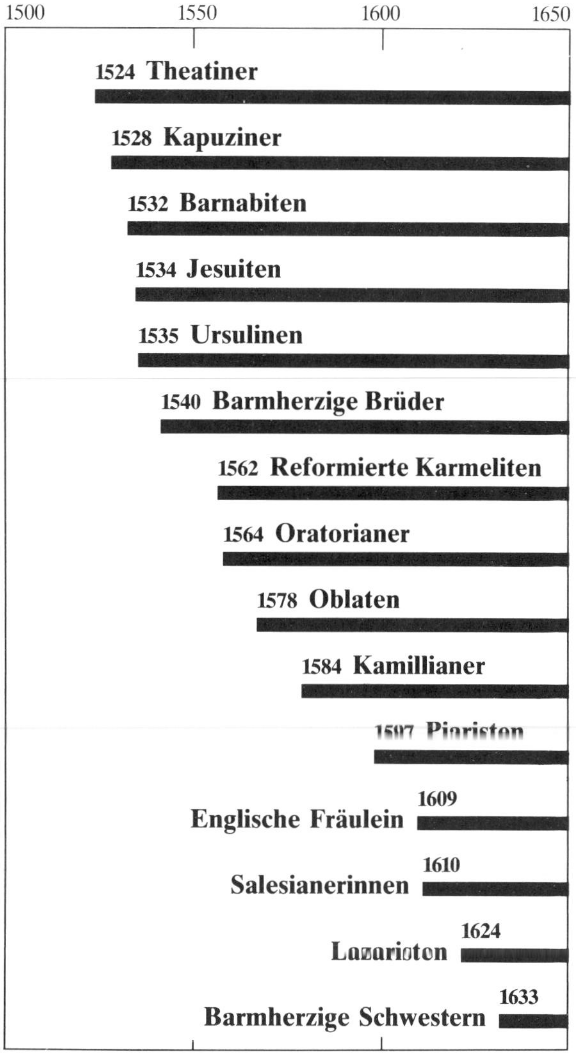

schicht ungeahnte Regenerationskräfte vorhanden und lebendig waren.

Wie kein anderer Orden hat der von dem nordspanischen Basken Ignatius (Iñigo López) von Loyola (1491 – 1556) gegründete Jesuitenorden die Geschichte und Geschicke der Papst- und Kirchengeschichte in Europa, vor allem in den Missionsgebieten, entscheidend mitgeprägt. In einer heute immer noch lesenswerten Studie »Zur Psychologie des Jesuitenordens« (Kempten 1923,128) hat der Jesuit Peter Lippert geschrieben: »In der Seele eines jeden Jesuiten lebt der eine glühende Wunsch, der jeden Morgen und jeden Abend wie ein Flammengebet zum Himmel steigt, daß doch er und sein Orden niemals unwürdig sein möchte, der göttlichen Majestät zu dienen, so lange es ihr gefällt«.

Ignatius (Inigo) von Loyola (1491 — 1556) mit dem Zielsatz seines Jesuitenordens »Omnia ad majorem Dei gloriam« (Alles zur größeren Ehre Gottes).

Endlich ein Reformkonzil!

Seit langem war in der abendländischen Christenheit der drängende Ruf nach einem freien christlichen Konzil nicht mehr zur Ruhe gekommen. Auch Martin Luther rief in seiner Schrift »Von den Konziliis und Kirchen« (Frühjahr 1539) nach einem Konzil, das für ihn Mund und Entscheidungsorgan der heiligen Kirche war. Luther betonte sogar, er sei »auch in großen Stücken« bereit zur Nachgiebigkeit, wenn ein wahrhaft freies Konzil zusammentrete.

Es hat eine Vielzahl von Gründen gegeben, einem Konzil grundsätzlich auszuweichen oder seine Einberufung bewußt zu verzögern.

Papst Paul III. (1534 — 1549) bestätigt am 27. September 1540 die Regel des Jesuitenordens (Prima Formula Instituti) durch die Bulle »Regimini militantis Ecclesiae«.

Bereits um 1520 hatte eine deutsche Flugschrift festgestellt:

»Der Papst will kein Konzil,
läßt es hinschleichen in der Still«.

Es saß wie ein tiefer Schock im Denken mancher Päpste, ein Konzil könne sich als oberste Instanz (im Sinne der konziliaren Idee) der Kirche verstehen und Päpste absetzen. Neben Papst Klemens VII. (1523 – 1534), der eine bewußte Verzögerungstaktik verfolgte, war es vor allem Papst Paul IV. (1555 – 1559), der zwar Kurienreform betrieb und eine Verschärfung der päpstlichen Inquisition durchsetzte, aber an der Fortführung des Konzils von Trient kein Interesse hatte. »Der Papst dachte, wie viele andere Reformfreunde, daß die beiden Konzilstagungen mit all ihren Diskussionen an den tatsächlichen Zuständen der Kirche so gut wie nichts geändert hätten. Der Weg der Konzilsberatungen und Konzilsbeschlüsse dünkte ihm bei seinem stürmischen Tatendrang zu langwierig und umständlich« (Franz Xaver Seppelt).

Es gab aber auch heftige politische Differenzen wegen der Wahl des Konzilsortes, die nicht zuletzt durch die militärischen Auseinandersetzungen der »christlichen Majestäten«, des deutschen Kaisers Karl V. (1519 – 1556) und des französischen Königs Franz I. (1515 – 1547), fast unlösbar erschienen. An welchem Ort – Mantua, Ferrara, Bologna, Cambrai oder Trient – war ein allgemeines Konzil vor dem Eingreifen oder vor den Repressalien der politischen Mächte sicher?

Es war eine mutige Entscheidung, als Papst Paul III. (1534 – 1549) sich über alle noch vorhandenen Bedenken hinwegsetzte und am 3. Adventsonntag, 13. Dezember 1545, im Dom von Trient das 19. Allgemeine (Ökumenische) Konzil durch seinen päpstlichen Legaten, Kardinal Del Monte, eröffnen ließ. Die meisten Beratungen der Konzilsväter wurden in der damals modernen, erst 1520/24 erbauten Kirche S. Maria Maggiore abgehalten.

Päpste	*Konzilsabschnitte*	*Sitzungen*
Paul III. (1534/49)	1. Abschnitt: 1545/49 (ab 1547 in Bologna)	1. – 10. Sitzung
Julius III. (1550/55)	2. Abschnitt: 1551/52	11. – 16. Sitzung
Marcellus II. (1555)		
Paul IV. (1555/59)		
Pius IV. (1559/65)	3. Abschnitt: 1562/63	17. – 25. Sitzung

Papst Paul III. (1534 — 1549), der 1542 durch die Bulle »Licet ab initio« das Inquisitionswesen neu ordnete, aber auch am 13. Dezember 1545 das Konzil von Trient eröffnen ließ. Nach seinem Tod am 10. November 1549 wurde er in der Apsis von St. Peter links neben der Cathedra Petri beigesetzt. Das mächtige Grabmal schuf Guglielmo della Porta.

Das Konzil von Trient (1545 — 1563), Werk eines unbekannten Malers (um 1600), heute in der Sakristei des Augsburger Doms.

Nachdem zunächst in drei Sitzungen die Tagesordnung debattiert und geklärt wurde – dem Kaiser war die Reformfrage, dem Papst die Glaubensfrage die Hauptsache! –, kreisten die theologischen Diskussionen um folgende drei Themen:

Schrift und Tradition (4. Sitzung),
Erbsünde und Rechtfertigung
5. und 6. Sitzung) und
Lehre von den sieben Sakramenten
(7., 13., 14., 21.–24. Sitzung).

Auch in den Fragen der innerkirchlichen Reform (Errichtung von Seminarien zur Ausbildung der künftigen Priester, Verbot der Ämterhäufung, Einschärfung der Pflichten und Seelsorgsaufgaben der Bischöfe und Priester, Reform der klösterlichen Gemeinschaften, Neuordnung des kirchlichen Eherechtes usw.) wurden vom Konzil von Trient, das am 4. Dezember 1563 schloß, richtungweisende Beschlüsse gefaßt.

Leider hat das Konzil von Trient, auf dem nur für kurze Zeit (Oktober 1551 bis März 1552) Gesandte der deutschen Protestanten anwesend waren, nicht die Kluft schließen können, die sich innerhalb der Christenheit bereits aufgetan und verfestigt hatte. »Es trennte nicht, wo nicht schon Trennung war. Es stellte der protestantischen Reformation die katholische Reform entgegen, aber es restaurierte nicht einfach das Mittelalter, sondern modernisierte Verfassung und Seelsorge. Trient war ein ... Akt der Selbstbesinnung und Selbsterneuerung« (Hubert Jedin).

14.
Das Papsttum in neuen Weltdimensionen

»Ich kenne deine Werke. Du hast den Namen, daß du lebst. Doch du bist tot. Wach auf! Stärke den Rest, der am Absterben ist. Ich finde deine Werke nicht vollwertig vor meinem Gott. Gedenke also, wie du es empfangen und gehört hast. Halte daran fest und geh in dich!«
(Offb 3, 1–3)

Das Konzil von Trient (1545/63) hat sich nicht bloß mit den Herausforderungen der Reformation auseinandergesetzt. Es hat für die Reform und Seelsorge der Kirche die Weichen in eine neue Zukunft gestellt. Bis in das 20. Jahrhundert haben Theologie und Liturgie, Glaubensverkündigung und Frömmigkeit durch die Entscheidungen des Konzils von Trient langfristig wirkende Impulse erhalten:

1564 Veröffentlichung des Tridentinischen Glaubensbekenntnisses (Professio Fidei Tridentina),
1566 Herausgabe des Catechismus Romanus (für den Gebrauch der Pfarrer und Katecheten),
1568 das verbesserte Brevier,
1570 das verbindliche Reformmissale, Missale Romanum, für die Feier der Liturgie in lateinischer Sprache,
1590/92 Veröffentlichung der Vulgata, der lateinischen Bibelübersetzung.

Was durch das Konzil von Trient beschlossen und in seinem Auftrag nachträglich veröffentlicht wurde, konnte nur dann realisiert werden, wenn es vom ganzem Volk Gottes, an seiner Spitze von den Päpsten, Bischöfen, Priestern und Ordensleuten aufgegriffen und in zäher Entschlossenheit vom Einzelchristen, von den Pfarrgemeinden und Bistümern wie von den unterschiedlichen Ordensgemeinschaften auch gelebt wurde. Nur einer erneuerten und glaubwürdigen Kirche konnte man die Gefolgschaft in der Nachfolge des armen, verfolgten, gekreuzigten und auferstandenen Christus wieder zutrauen.

Ob aber die Beschlüsse des Konzils von Trient in einem Land veröffentlicht und in das christliche Leben übersetzt werden konnten, hing von der Entscheidung des jeweiligen Landesfürsten ab. Gewiß hat Papst Pius IV. am 26. Januar 1564 die Dekrete des Konzils von Trient durch seine Unterschrift bestätigt und angeordnet, daß die Reformdekrete vom 1. Mai 1564 an in Kraft treten sollen. Weil aber die katholischen Landesfürsten das gleiche Recht der Religionsentscheidung wie die evangelischen Regenten nach dem Grundsatz beanspruchten und praktizierten: »Cuius regio – eius religio« (Der Landesherr entscheidet über die Religion seiner Untertanen), hingen Veröffentlichung und Durchführung der Tridentiner Reformdekrete von ihrer Entscheidung ab. Dort, wo sie daher eine Einschränkung ihrer Machtbefugnisse auch nur befürchteten, haben sie Konzilsbeschlüsse nicht publiziert oder modifiziert bzw. absichtlich verzögert.

Papstliste des 16./18. Jahrhunderts

Die lange Liste der Päpste vom Ende des 16. Jahrhunderts (Konzil von Trient 1545/63) bis zum Ende des 18. Jahrhunderts (1789 Ausbruch der Französischen Revolution) kann in drei überschaubare Abschnitte aufgeteilt werden. In einem *ersten Abschnitt* sind jene Päpste zu nennen, die noch unter dem Zeichen und Auftrag des Konzils von Trient standen und für die Durchführung seiner theologischen, liturgischen und religiösen Impulse sich einsetzten:

Gregor XIII.	1572 – 1585
Sixtus V.	1585 – 1590
Urban VII.	1590
Gregor XIV.	1590 – 1591
Innozenz IX.	1591

Unter den eben genannten Päpsten ist erwähnenswert Papst Gregor XIII. (1572 – 1585). Er führte die schon längst überfällige Reform des Julianischen Kalenders durch. Durch seine Bulle »Inter gravissimas« vom 24. Februar 1582 kam es zur Einführung des Gregorianischen Kalenders, der bis heute in Gel-

Teilansicht des Grabmonuments für Papst Gregor XIII. (1572 — 1585), im Petersdom 1723 von Camillo Rusconi errichtet, das an die Kalenderreform dieses Papstes (1582) erinnert.

Imposantes Grabmal für Papst Urban VIII. (1623 — 1644), rechts von der Cathedra Petri in der Peterskirche, geschaffen von Gian Lorenzo Bernini (1598 — 1680). ▷

VS·VIII
ERINVS
NT·MA

tung ist. Die damals erforderliche Zeitkorrektur wurde in der Weise durchgeführt, daß auf den 4. Oktober 1582 unmittelbar der 15. Oktober folgte.

Unter dem Franziskaner – Papst Sixtus V. (1585 – 1590), der recht unglücklich in die innerfranzösischen Auseinandersetzungen der Hugenottenkriege eingriff und 1587 die judenfreundliche Bulle »Christiana pietas« herausgab, wurde die Kuppel der römischen Peterskirche durch Giacomo della Porta (1540 – 1602) vollendet. Er hat Rom und dem Vatikan jenes Aussehen gegeben, das Pilger und Touristen heute noch bewundern.

Der *zweite Abschnitt* dieser Papstliste umfaßt die Epoche des Barock. Schon die Bilder und Statuen der damaligen Päpste lassen die neue barocke Atmosphäre erkennen. Nach der zeitgenössischen Mode tragen die meisten Päpste dieses Zeitabschnittes einen Bart. Noch von ihren Grabdokumenten grüßen sie mit barokkem Pathos.

Klemens VIII.	1592 – 1605
Leo XI.	1605
Paul V.	1605 – 1621
Gregor XV.	1621 – 1623
Urban VIII.	1623 – 1644
Innozenz X.	1644 – 1655
Alexander VII.	1655 – 1667
Klemens IX.	1667 – 1669
Klemens X.	1670 – 1676
Innozenz XI.	1676 – 1689
Alexander VIII.	1689 – 1691
Innozenz XII.	1691 – 1700

Unter Papst Paul V. (1605 – 1621) kam es in Deutschland zum Ausbruch des Dreißigjährigen Krieges (1618/48) und zu einer Verschärfung der konfessionellen Spannungen im europäischen Raum. Recht undiplomatisch griff Papst Urban VIII. (1623 – 1644) aus dem Geschlecht der Barberini/Florenz in die Auseinandersetzungen des Dreißigjährigen Krieges ein. Damals kam es 1631 zu der ungewöhnlichen Koalition zwischen König Gustav Adolf von Schweden, dem Verfechter der protestantischen Sache, und dem katholischen Frankreich, für die sich Kardinal Richelieu maßgebend einsetzte. Gegen die Heere der katholischen Liga kämpften damals die Truppen des katholischen Königs von Frankreich. Auch der berühmte Prozeß gegen Galilei (1564 – 1642) wurde unter Papst Urban VIII. durchgeführt. Der berühmte Astronom wurde 1616 und wiederum 1633 unter Androhung der Folter zum Widerruf gezwungen. Papst Urban VIII. fand in Lorenzo Bernini (1598 – 1680) einen genialen Barockmeister, der in der Peterskirche aus Bronze den Papstaltar über der Confessio errichtet. Fast gleichzeitig (1626) wurde von Carlo Maderna (1556 – 1629) das päpstliche Sommerschloß in Castel Gandolfo erbaut.

Der *dritte Abschnitt* dieser Papstreihe fällt zeitlich in das Vorfeld der Französischen Revolution (1789). Schon unter Papst Alexander VII. (1655 – 1667) setzte die französische Vormachtstellung über das Papsttum ein. In die Probleme der französischen Politik wie der französischen Kirche und Theologie (Jansenismus mit seiner überspitzten Erbsünden – und Gnadenlehre – Gallikanismus: Proklamation der vier gallikanischen Artikel am 19. März 1682 durch die französische Klerusversammlung) wurde das Papsttum hineingerissen. Die Päpste mußten die Ausweisung ihrer Nuntien ausgerechnet von Frankreich, das sich die »allerchristlichste Nation« rühmte, wie auch von Spanien und Portugal sich gefallen lassen.

Die antikirchlichen Philosophen Frankreichs glaubten solange ihren Kampf gegen die Kirche nicht gewonnen zu haben, solange sie nicht mit den verhaßten Jesuiten fertig waren. Man glaubt kaum seinen Augen, wenn über die damalige Kampagne gegen die Jesuiten geschrieben werden muß: »Ihre Vernichtung war das innerste Anliegen der katholischen Staaten (Frankreich, Spanien, Portugal)« (Joseph Bernhart).

Den blutigen und tränenreichen Abschluß dieser Epoche erlebte und erlitt Papst Pius VI. (1775 – 1799), eine der Passionsgestalten der Papstgeschichte. Unter seinem Pontifikat brach 1789 die Französische Revolution aus mit ihren nachfolgenden Tragödien für ihn persönlich wie für die Kirche.

Klemens XI.	1700–1721
Innozens XIII.	1721–1724
Benedikt XIII.	1724–1730
Klemens XII.	1730–1740
Benedikt XIV.	1740–1758
Klemens XIII.	1758–1769
Klemens XIV.	1769–1774
Pius VI.	1775–1799

Leuchtet man hinter die Kulissen der Papstgeschichte vom 16. bis zum 18. Jahrhundert, so kommen einige äußerst bemerkenswerte Ergebnisse zu Tage. In keinem anderen Abschnitt der Papstgeschichte haben die politischen Großmächte Europas so stark, so egoistisch und auch so divergierend in Papstwahlen eingegriffen wie in dieser Phase. Die drei »christlichen« Großmächte Spanien, Frankreich und Österreich (Deutschland) haben bei fast allen Papstwahlen erheblich »mitgemischt«. Sie haben durch ihr Veto bald einen mißliebigen Kandidaten zu Fall gebracht, bald durch ihre Protektion einen ihnen gewogenen Kandidaten auf den Papstthron erheben lassen.

Wegen dieser politischen »Mitspieler« hat es in diesem Abschnitt der Papstgeschichte lange Konklavezeiten gegeben. Es dauerte das Konklave 1740 sechs Monate, 1691 fünf Monate, 1730 vier Monate, 1676 über zwei Monate. Es fällt ferner auf, daß mit Papst Alexander VIII. (1689 – 1691) ein fast Achzigjähriger, mit Papst Klemens XII. (1730 – 1740) ein 79jähriger den päpstlichen Thron bestieg.

In diesem Abschnitt der Papstgeschichte hat es einige erstaunlich kurze Pontifikate gegeben. Papst Urban VII. (1590) regierte nur zwölf Tage, Papst Leo XI. (1605) nur 26 Tage, Papst Innozenz IX. (1591) nur zwei Monate (an dieser Stelle sei erwähnt, daß die kürzeste Regierungszeit aller Päpste von nur vier Tagen Papst Stephan II. 752 hatte).

Aus der Vielzahl der Probleme, mit denen die Päpste dieser Zeit sich konfrontiert sahen, seien nur drei Hauptthemen herausgegriffen, weil diese drei nicht nur eine punktuell-epochale Bedeutung hatten, sondern langfristige Weichenstellungen bzw. Blockierungen bewirkten.

Aufbruch und Blockierung der Weltmission (Ritenstreit)

Die Entdeckung neuer Seewege und neuer Kontinente hat der Kirche neue, bisher unbekannte oder verschlossene Möglichkeiten der Glaubensverkündigung eröffnet:

1487 Umsegelung der Südspitze Afrikas durch Bartolomeo Diaz

1492 Entdeckung Amerikas durch Christoph Kolumbus

1498 Entdeckung des Seeweges nach Indien durch Vasco da Gama

1519 – 1522 Erste Weltumseglung durch Ferdinand Magelhaes

Auf dem geöffneten Missionsfeld der »Neuen Welt« haben, vielfach protegiert von den spanischen Eroberern, die Dominikaner, Franziskaner und Jesuiten die christliche Botschaft nach Amerika und Südamerika gebracht. Erinnert sei an Peter Claver (1581 – 1654), der sich gegen die Profitgier der spanischen Kolonisten für das Los der Negersklaven einsetzte.

Aus einer deutlichen Frontstellung gegen den vom wirtschaftlichen Egoismus geprägten Kolonialismus der Spanier wurden von spanischen Dominikanern, Franziskanern und Jesuiten die sogenannten Reduktionen (spanisch: reducciones) gegründet. Am berühmtesten wurde der sogenannte »Jesuitenstaat in Paraquay« (am Mündungsgebiet des Amazonas). Es handelt sich dabei um Indianersiedlungen, in denen ein Zweifaches erreicht werden sollte: einerseits sollten die Eingeborenen vor Unterdrückung und Ausbeutung der »christlichen« Spanier geschützt, andererseits sollte ein dauerhafter Missionserfolg gesichert werden.

Der »Jesuitenstaat von Paraquay«, der etwa 30 Reduktionen mit fast 100 000 Indianern umfaßte, war Teil des spanischen Königreiches und unterstand der obersten Autorität des spanischen Vizekönigs. In ihm wurden Gedanken verwirklicht, wie sie der griechische Philosoph Platon wie auch der englische Lordkanzler Thomas Morus in seiner »Utopia« entworfen hatte. Der von Jesuiten geplante und ausgebaute Staat stand unter indianischer Selbstverwaltung.

In der portugiesischen Interessensphäre des Fernen Ostens (festgelegt durch die Demarkationslinie 1493 und 1529) lagen die Missionsgebiete Indien, China und Japan. Vor den Toren Chinas starb der Pionier der Ostasienmission, Franz Xaver (1506 – 1552).

Größe und Tragik, Erfolg und Katastrophe der christlichen Mission im Fernen Osten wurden in Indien und China offenkundig. Es ging dabei um das missionarische Hauptproblem: Soll die christliche Botschaft in »europäischer Verpackung« (d. h. in den abendländischen Formen der Sprache, der Liturgie und Kunst) verkündet werden oder ist es situationsrichtiger, die christliche Botschaft, ohne sie zu verkürzen, den fernöstlichen, indischen, chinesischen oder japanischen Ausdrucksformen anzupassen?

Energische Verfechter der Anpassungsmethode (Akkommodation) und eines verantwortbaren Pluralismus in Theologie, Liturgie und Kleidung waren die Jesuiten Roberto de Nobili (1606 – 1656) in Indien, Matteo Ricci (1552 – 1610), Adam Schall (1591 – 1666) und Ferdinand Verbiest (1623 – 1688) in China.

Die Begegnung der christlichen Mission mit hochkultivierten Völkern in Indien, Japan und China stellte die Kirche vor den »Ernstfall«, ob sie wirklich bereit und fähig ist, die christliche Botschaft ohne Angst und Vorurteil aus der Kraft und Tradition fremder Kulturen zur Sprache und Gestalt zu bringen. Die Offenheit und Experimentierfreudigkeit der kirchlichen Stel-

Kardinal Armand-Jean Richelieu (1585 — 1642), Staatsmann im Dienst des französischen Königs Ludwig XIII. (1610 — 1643). Gemälde von Philipp de Champaigne (1602 — 1674). Louvre, Paris.

Denkmal des Papstes Pius VI. (1775 — 1799) in der Grabkapelle der Confessio der Peterskirche, geschaffen von Antonio Canova (1757 — 1822).

PIVS VI · BRASCHIVS · CAESENAS
ORATE · PRO · EO

Papst Alexander VII. (1655 — 1667), geboren am 13. Februar 1599 in Siena, bürgerlicher Name Fabio Chigi.

len wurde nicht selten durch die starren Konzepte der spanischen bzw. portugiesischen Patronatsmächte eingeengt.

Um eine einheitliche kirchliche Instanz für alle Fragen der Mission zu besitzen, gründete Papst Gregor XV. (1621 – 1623) 1622 die Kongregation zur Glaubensverbreitung (Congregatio de propaganda fide).

In einer Instruktion des Jahres 1659 gab die Kongregation zur Glaubensverbreitung folgende Anweisungen:

Seht eure Aufgabe nicht darin und bringt die Völker auf keinerlei Weise dazu, ihre Bräuche, Gewohnheiten und Sitten zu verändern, wenn diese nicht deutlich im Widerspruch zur Religion und den guten Sitten stehen. Was kann denn noch törichter sein, als Frankreich, Spanien, Italien oder ein anderes europäisches Land nach China zu bringen? Nicht das, sondern den Glauben sollt ihr einpflanzen, der die Bräuche und Gewohnheiten keines einzigen Volkes verachtet oder vernichten will... Macht daher keinen Vergleich zwischen den Sitten der Völker und den europäischen Gewohnheiten. Trachtet vielmehr danach, euch mit großer Sorge anzupassen.

Trotz dieser weiten und weisen Anordnung der römischen Kongregation für die Glaubens-

Papst Alexander VIII. (1689—1691), geboren am 22. April 1610 in Venedig, bürgerlicher Name Pietro Ottoboni.

verbreitung gab es unter den Missionsorden der Franziskaner, Dominikaner und Jesuiten unterschiedliche Praktiken, die den einen zu weit gingen, den andern zu engherzig waren. Im Zentrum der damaligen Diskussionen stand die Frage, welche Riten (Verehrung des Konfutse, Ahnenkult) sich mit dem christlichen Glauben vereinen lassen (Ritenstreit). Leider hat die römische Zentralstelle selbst durch unterschiedliche Maßnahmen und Reaktionen, indem sie bald verbot, bald erlaubte oder einschränkte, eine einheitliche Linie vermissen lassen.

Äußerst bedauerlich waren jedoch zwei Fakten: einerseits die gegenseitigen Intrigen und Quertreibereien der im Fernen Osten tätigen Missionsorden, andererseits die Verdächtigung des Jesuitenordens durch europäische Mächte. Um in Europa und vor allem an der fernöstlichen Missionsfront Ruhe zu schaffen, erließ Papst Benedikt XIV. (1740 – 1758) am 11. Juli 1742 die Bulle »Ex quo singulari«, mit der der Ritenstreit, aber auch die Mission im Fernen Osten beendet wurde. Es ist unausdenkbar, wie heute die religiöse und gewiß auch politische Gestalt des Fernen Ostens aussähe, wenn dort vom 16. Jahrhundert an kontinuierlich und sich gegenseitig respektierend christliche Missionare hätten wirken können!

Grabmonument des Papstes Gregor XV. (1621 — 1623), der als großer Freund und Förderer der Jesuiten in der römischen Kirche Sant' Ignazio beigesetzt wurde und dort auch ein barock überladenes Grabmonument erhielt.

Papst Benedikt XIV. (1740 — 1758), Ölgemälde von Guiseppe Maria Crespi (1665 — 1747) in der Pinacoteca Vaticana, Rom. ▷

Die Aufhebung des Jesuitenordens (1773)

Was im Ritenstreit an Antipathien gegen die Jesuiten von den »lieben« Mitbrüdern der Missionsorden bereits heftigst geschürt worden war, ist von den politischen Mächten Europas und den hinter ihnen stehenden aufklärerisch-antirömischen Geistesrichtungen begierig aufgegriffen, verschärft und in einem maßlosen Kesseltreiben bis zum bitteren Ende des Jesuitenordens weitergeführt worden. Man arbeitete mit Unterstellungen und falschen Beschuldigungen, mit Pamphleten und Schmähschriften, um endlich und für immer die Jesuiten, die man als geheime Drahtzieher der vatikanischen Politik überall, bis hinein in die Beichtstühle verdächtigte, von der Bühne der Geschichte zu vertreiben.

1758 begann Portugal, die Jesuiten zu vertreiben. 1762 beschloß das französische Parlament, unter Hinweis auf den Bankrott des Jesuiten Antoine Lavalette (1708 – 1757) auf Martinique, die Auflösung des Jesuitenordens und die Beschlagnahme seiner Besitzungen. 1767 verfügte auch Spanien die Ausweisung aller Jesuiten und die Konfiszierung der Ordensgüter.

Am 21. Juli 1773 war es endlich so weit, daß Papst Klemens XIV. (1769 – 1774) nach vierjährigem Zögern mit der Bulle »Dominus ac Redemptor« den Jesuitenorden aufhob. Es ist der Erinnerung wert, daß im protestantischen Preußen wie auch im orthodoxen Rußland (Katharina II.) die Aufhebung des Jesuitenordens ausdrücklich verboten wurde. Es war ebenso aufklärerische Toleranz wie Sorge um das katholische Schulwesen, die Friedrich II. von Preußen bemerken ließen: »Für die Jesuitenpatres hege ich nun einmal eine verwünschte Sympathie. Nicht insofern sie Mönche sind, sondern bewährte Erzieher der Jugend, Gelehrte, deren wissenschaftliche Institute der bürgerlichen gebildeten Gesellschaft von unübersehbarem Nutzen sind... Aber da meine Brüder, die katholischen, allerchristlichsten, allertreuesten und apostolischen Könige sie fortgejagt haben, so sammle ich bei mir so viele, als ich kann... Man unterhält im Zirkus für die Tierkämpfe Tiger und Löwen, warum sollte man nicht auch Jesuiten dulden?«

Es besteht kein Zweifel: Indem man die Jesuiten verbot, wollte man die Kirche, speziell den Papst treffen. Mit der Aufhebung des Jesuitenordens glaubte man, dem Untergang der Kirche nahe zu sein.

Am Vorabend religiös-politischer Umbrüche

Das 17. und 18. Jahrhundert umspannt eine Epoche, die durch vielschichtige und gegensätzliche Strömungen und Ereignisse gekennzeichnet ist. Es war ebenso die Epoche des Barock und Rokoko wie die Zeit, in der die Musik eines Josef Haydn (1732 – 1809) und Wolfgang Amadeus Mozart (1756 – 1791) die Herzen vieler höher schlagen ließ. Empirismus und Rationalismus waren Grundströmungen dieses Zeitabschnittes. Der deutsche Philosoph Immanuel Kant (1724 – 1804) hat das Anliegen seiner Zeit im Titel einer seiner Schriften überdeutlich ausgesprochen: »Die Religion innerhalb der Grenzen der bloßen Vernunft« (1793).

Es war allzu verständlich, daß nach erbitterten Religionskriegen in ganz Europa der Ruf nach Waffenruhe, nach Toleranz, nach Menschenrechten und Grundfreiheiten immer lauter wurde. Jeder, der mit absoluten Forderungen auftrat, war suspekt. Eine dritte Konfession gewann immer mehr Zulauf – die Konfession der Aufgeklärten, der Kirchenfremden, der Konfessionsüberdrüßigen. Jetzt grübelte man nicht mehr über spitzfindige theologische Fragen nach, wie etwa über das Persongeheimnis Jesu, über das Wunder der eucharistischen Wandlung oder über die Ausdeutung des Dreifaltigkeitsglaubens. Es genügte, an der Existenz Gottes und an der Unsterblichkeit der Seele festzuhalten.

Unterschwellig kündigte sich aber ein tiefgreifendes Erdbeben an. Immer sichtbarer und breiter wurde der Bruch innerhalb der Gesellschaft. Kirche und Papst waren Institutionen »von gestern«, die weithin Stützen einer adeli-

Papst Klemens XIV. (1769 — 1774).
Der am 19. Mai 1769 zum Papst gewählte fromme und theologisch ausgezeichnet gebildete Franziskaner (das Papstwappen mit den überkreuzten Christus- und Franziskanerarmen weist darauf hin), der übrigens eine besondere Vorliebe für das Reiten hatte, hat nach langem Zögern dem Drängen der Bourbonenhöfe nachgegeben und 1773 den Jesuitenorden aufgehoben. Nach seinem Tod am 21. September 1774 wurde er zunächst in St. Peter, 1802 in der Franziskanerkirche SS. Dodici Apostoli beigesetzt, wo sich auch das von Antonio Canova (1757 — 1822) geschaffene Grabmal befindet

gen Oberschicht waren, gegen die immer lauter und zorniger rebelliert wurde. Thron und Altar, Staat und Kirche, König und Papst waren in den Augen vieler eine untrennbare Einheit, gegen die der Sturm der Revolution aufbrandete. Eine über tausendjährige Geschichtsepoche mit einer sakrosankten Gesellschaftordnung neigte sich dem Ende zu. Niemand konnte wissen oder auch nur vorausahnen, was nach dem Sturm gegen Thron und Altar kommen würde.

Über dem Leben des letzten Papstes dieser Epoche, Pius VI. (1775–1799), steht das Motto der Malachias-Weissagung: »Peregrinus apostolicus moriens in exilio« (Der apostolische Wanderer, der in der Verbannung stirbt). In den Stürmen der Französischen Revolution wurde dieser Papst in Rom verhaftet und schwerkrank als über achzigjähriger Greis auf einer Bahre über die Alpen getragen. Im französischen Valence starb er am 29. August 1799. Damit schien das Ende des Papsttums besiegelt. Man nannte diesen Papst – Pius, den Sechsten und den Letzten.

Barockaltar in der Kathedrale von Toledo — ein Jubel des Glaubens, der von der Erde zum Himmel emporsteigt.

Gedenktafel an die Eucharistiefeier des Papstes Pius VI. am 1. Mai 1782 in der Peterskirche (Alter Peter) während seines Aufenthaltes in München vom 26. April bis zum 2. Mai 1782.

15. Das Papsttum in der politischen und theologischen Neuorientierung des 19. Jahrhunderts

»Verkündige das Wort! Tritt dafür ein, sei es gelegen oder ungelegen. Überführe, weise zurecht und ermahne in aller Geduld und allem Geschick. Denn es kommt die Zeit, da man die gesunde Lehre unerträglich findet und sich nach eigenem Sinn Lehrer über Lehrer sucht... Du aber bleibe in allem besonnen. Trage die Leiden. Vollzieh die Aufgabe als Verkünder der Heilsbotschaft. Versieh voll und ganz deinen Dienst!« (2 Tim 4, 2–5)

Bereits im Leben des Papstes Pius VI. (1775 – 1799) wurde der Leidensweg sichtbar, den nicht wenige seiner Nachfolger im Laufe des 19. Jahrhunderts zu gehen hatten. Alle Interventionen dieses Papstes bei der allerchristlichsten Majestät, dem österreichischen Kaiser Joseph II. (1780 – 1790), der im »Josephinismus» einen nationalkirchlichen Kurs steuerte und dem wegen seiner detaillierten Vorschriften und Eingriffe in das kirchliche Leben der Spitzname »Erzsakristan des Heiligen Römischen Reiches« gegeben wurde, blieben erfolglos. Selbst ein Besuch des Papstes (1782) beim österreichischen Kaiser in Wien endete mit einem charmanten, aber sachlich harten Fiasko. Französische Revolutionstruppen besetzten am 13. Februar 1798 Rom, riefen die Republik aus und verschleppten den Papst als Gefangenen nach Frankreich, wo er am 29. August 1799 in Valence starb.

Um sich ein Bild des kirchenpolitischen Umbruchs zu machen, der sich im 19. Jahrhunderts vollzog, seien einige der wichtigsten Daten und Ereignisse der Profan- und Kirchengeschichte herausgegriffen und tabellarisch gegenübergestellt.

Profangeschichte	*Kirchengeschichte*
	1800 – 1823 Papst Pius VII.
1801 (9. Februar) Friede von Lunéville	1801 (15. Juli) Konkordat zwischen Kaiser Napoleon I. und dem Heiligen Stuhl
1803 (25. Februar) Reichsdeputationshauptschluß in Regensburg (Säkularisation)	1809 Papst Pius VII. wird als Gefangener Napoleons nach Schloß Fontainebleau bei Paris gebracht
1804 – 1814 Kaiser Napoleon I. (Kaiserkrönung 2. Dezember 1804)	
1806 (6. August) Niederlegung der Kaiserkrone durch Kaiser Franz II. in Wien (Ende des Heiligen Römischen Reiches deutscher Nation)	
1809 (17. Mai) Kaiser Napoleon verfügt die Vereinigung des Kirchenstaates mit dem französischen Kaiserreich „auf ewige Zeiten“	
1814 / 15 Wiener Kongreß (Wiederherstellung des Kirchenstaates)	1814 (7. August) Wiederzulassung des Jesuitenordens durch Papst Pius VIII.
1820 Revolution in Spanien (Vertreibung der Jesuiten und Aufhebung der meisten Klöster)	
	1823 – 1829 Papst Leo XII.
	1825 – 1838 Kölner Kirchenstreit
	1829 – 1830 Papst Pius VIII.
	1831 – 1846 Papst Gregor XVI.
	1846 – 1878 Papst Pius IX.
1848 (21. Februar) Kommunistisches Manifest	1848 (Oktober) Erster deutscher Katholikentag in Mainz
	(22. Oktober – 16. November) Erste deutsche Bischofskonferenz in Würzburg
	1854 (8. Dezember) Verkündigung des Dogmas von der Erbsündenfreiheit (Immaculata conceptio) Marias durch Papst Pius IX.
	1858 Marienerscheinung in Lourdes
	1864 (8. Dezember) Veröffentlichung des Syllabus (Verurteilung von achtzig Lehrmeinungen) durch Papst Pius IV.
	1869 – 1870 Erstes Vatikanisches Konzil – Lehrentscheid über Primat und Unfehlbarkeit des Papstes (18. Juli 1870)
1870 – 1871 Deutsch-Französischer Krieg	1870 (20. September) Ende des Kirchenstaates
1871 (13. Mai) Garantiegesetz des italienischen Staates für Papst Pius IX. (den „Gefangenen des Vatikans“)	1871 – 1878 Kulturkampf in Deutschland
	1872 (7. Juli) Jesuitengesetz: Auflösung der Niederlassung der Jesuiten und „verwandter Orden“ im Deutschen Reich
	1878 – 1903 Papst Leo XIII.
	1879 (4. August) Veröffentlichung der Enzyklika „Aeterni Patris“ durch Papst Leo XIII. (Blütezeit der Neuscholastik)
	1891 (15. Mai) Veröffentlichung der Enzyklika „Rerum novarum“ (Arbeiterfrage) durch Papst Leo XIII.

Sarg des Kaisers Joseph II. (1780/90) in der Kaisergruft der Wiener Kapuzinerkirche.

Kirchenpolitische Neuvermessung in Europa

Bereits die beiden Ereignisse im ersten Jahrzehnt des 19. Jahrhunderts (1803 Reichsdeputationshauptschluß: Säkularisation des Kirchengutes – 1806 Niederlegung der Kaiserkrone durch Kaiser Franz II.) machen deutlich, daß eine über tausendjährige Epoche, die man »Konstantinisches Zeitalter« nennt, endgültig beendet war. Die Päpste werden aus ihrer bisherigen politischen Position verdrängt. Sie sehen sich gezwungen, in der Neuvermessung Europas ihren neuen, wenn auch gänzlich ungewohnten Stand- und Wirkungsort zu finden. Daß dieser Prozeß nur mühsam voranging

Napoleon. Ausschnitt aus einem Gemälde von Antoine–Jean Gros (1771–1835). Louvre, Paris.

Papst Pius VII. (1800 — 1823). Gemälde (1805) von Jacque-Louis David (1748 — 1825).

und daß von Päpsten wie Leo XII. (1823 – 1829) und Gregor XVI. (1831 – 1846) immer wieder versucht wurde, eine kirchenpolitische Restauration der früheren Verhältnisse zu erreichen, ist angesichts der völlig neuen Situation verständlich.

Die Abdrängung der Päpste aus dem politischen Bereich hat Kaiser Napoleon, nachdem er am 17. Mai 1809 die Vereinigung des Kirchenstaates mit dem französischen Kaiserreich »auf ewige Zeiten« verfügt hatte, in einem Schreiben an Papst Pius VII. mit geheucheltem Pastoralinteresse zum Ausdruck gebracht:

Sie werden genug Geschäfte haben, wenn Sie sich auf die Leitung der Seelen beschränken. Schon lange haben die Päpste sich in das gemischt, was sie nichts anging, und darüber die wahren Interessen der Kirche vernachlässigt.

Ich erkenne Sie als mein geistliches Haupt an, aber ich bin der Kaiser. Rom ist unwiderruflich ein Teil meines Reiches.

Im 19. Jahrhundert mußte die Kirche einen Lern- und Umgewöhnungsprozeß durchstehen, den sie nicht aus freien Stücken vollzog, sondern der ihr von außen, von den politischen Mächten und von der sich gewandelten und sich rasant wandelnden politischen, gesellschaftlich-sozialen, philosophischen und religiösen Situation aufgezwungen wurde. Wie sehr noch ein Papst Pius IX. (1846 – 1878) von der Auffassung beseelt war, der Kirchenstaat gehöre geradezu als dogmatische Notwendigkeit zum Wesen des Papsttums, ist seinem Ausspruch zu entnehmen: »Ich will in Verteidigung des Kirchenstaates, wenn es nötig ist, auch den Märtyrertod sterben«. Eine völlig andere Sicht der Kirche und des Papsttums vertrat zur gleichen Zeit der katholische Münchener Kirchenhisto-

◁ *Selbstkrönung Napoleons zum Kaiser und Krönung Josephines in Anwesenheit des Papstes Pius VII. am 2. Dezember 1804 in Notre Dame, Paris. Detail aus dem Gemälde von Jacques-Louis David (1748–1825). Museum, Versailles.*

▷ *Wegführung des Papstes Pius VII. (1809) von Rom nach Fontainebleau. Vatikanisches Museum, Rom.*

riker Ignaz von Döllinger (1799 – 1890), der nachdrücklich betonte: »Es hat eine Kirche und ein Papsttum gegeben vor einem Kirchenstaat, und Kirche und Papsttum werden auch bleiben, wenn der Kirchenstaat einmal verlorengehen sollte«.

Papstliste des 19. Jahrhunderts

War das 16. Jahrhundert eher eine innerkirchlich-religiöse Krisen- und Umbruchsphase, so stand die Kirche im 19. Jahrhundert unter der Not und Nötigung eines Zweifrontenkriegs, nämlich einerseits mit immer heftiger andrängenden, innerkirchlich-theologischen Fragen, anderseits mit außerkirchlichen, politisch-gesellschaftlichen Konstellationen sich zu befassen. Es ist dabei mit Spannung zu verfolgen, ob die Kirche unter den Päpsten des 19. Jahrhunderts sich in eine restaurative Abwehrhaltung und Festungspsychose zurückzieht oder ob sie über ihren eigenen Schatten springt und den Mut aufbringt, mit »den Neuerern« im politisch-gesellschaftlichen wie auch im philosophisch-theologischen Bereich zu einem tastenden, letztlich doch anregenden und fruchtbaren Dialog zu kommen.

Pius VII.	1800–1823
Leo XII.	1823–1829
Pius VIII.	1829–1830
Gregor XVI.	1831–1846
Pius IX.	1846–1878
Leo XIII.	1878–1903

Papst Leo XII. (1823 – 1829) wie auch Papst Gregor XVI. (1831 – 1846) konnten sich am

Papst Gregor XVI. (1831 — 1846).

wenigsten mit den neuen Verhältnissen abfinden. Sie sind den »konservativen Päpsten« mit einem beabsichtigen Restaurationskurs zuzurechnen. Sie glaubten, das Rad der Geschichte ins »Konstantinische Zeitalter« zurückdrehen zu müssen um die gottgewollte Ordnung wiederherzustellen. Menschenrechte und Grundfreiheiten schienen ihnen nichts anderes als Forderungen von Umstürzlern und Ketzern zu sein.

In seinem Rundschreiben »Mirari vos« vom 15. August 1832 (veröffentlicht in den Acta Sanctae Sedis IV, 1886, 336 – 345) sprach Papst Gregor XVI. von »jener törichten und irrigen Meinung – oder noch besser – jenem Wahnsinn, es sollte für jeden die Freiheit des Gewissens verkündigt und erkämpft werden. Diesem seuchenartigen Irrtum bereitet den Weg jene übervolle und maßlose Freiheit der Meinungen, welche zum Schaden der kirchlichen und bürgerlichen Sache sich weitherum verbreitet. Dabei gibt es manche, die mit größter Unverschämtheit behaupten, daß die Religion aus ihr gewissen Vorteil ziehe«.

Die Zentralgestalt der Päpste des 19. Jahrhunderts ist ohne Zweifel Papst Pius IX. (1846 – 1878) und zwar nicht nur deshalb, weil er das bisher längste Pontifikat von 31 Jahren und 8 Monaten atte. Als der Kultur- und Kunsthistoriker Jacob Burckhardt (1818 – 1897) 1846 den Einzug des Papstes Pius IX. in Rom erlebte, meinte er in einem Vers feststellen zu müssen:

»Aufrecht steht der alte Herr,
breitet aus die morschen Arme.
Ach, du fängst die Welt nicht mehr«.

Aber dieser Papst, der mit 54 Jahren den Stuhl des heiligen Petrus bestieg, hat doch im innerkirchlich-theologischen wie auch im außerkirchlich-politischen Bereich »Geschichte gemacht«. Auch ein Otto von Bismarck (1815 – 1898), der in seiner berühmten Reichstagsrede vom 14. Mai 1872 erklärte hatte: »Seien Sie außer Sorge: Nach Kanossa gehen wir nicht – weder körperlich noch geistig«, hat ihn respektiert. Neueste Forschungen haben im Leben und Denken des Papstes Pius IX., der in den frühen Jahrzehnten seines Lebens eine labile Gesundheit hatte, eine unverkennbare Tragik entdeckt. Er begann sein Pontifikat als Sohn seines Jahrhunderts und seines italienischen Volkes als »Liberaler und Nationalist«. Unter dem Druck und unter den Enttäuschungen seines Lebens hat er jedoch mehr und mehr gegen eine Entwicklung Stellung nehmen müssen, die die großen Ideale verriet, von denen er selbst zunächst erfüllt war.

Ein Höhepunkt seines Lebens und seines päpstlichen Selbstverständnisses war nach stürmischen Debatten in der Konzilsaula der römischen Peterskirche wie auch trotz vieler europäischer Publikationen und Proteste die dogmatische Lehrverkündigung des Primats und der Unfehlbarkeit des Papstes am 18. Juli 1870:

... Wenn der römische Bischof in höchster Lehrgewalt (ex cathedra) spricht, das heißt,

Papst Pius IX. (1846 — 1878).

Am 16. Juni 1846 wurde er zum Petrusnachfolger gewählt. Höhen und Tiefen hat das Papsttum während seines langen Pontifikats durchlitten. Nach der Einverleibung des Kirchenstaates in das Königreich Italien erklärte er sich zum »Gefangenen des Vatikans«. Erst durch die Lateranverträge vom 11. Februar 1929, unterzeichnet von Kardinalstaatssekretär Gasparri und Benito Mussolini, konnten die Spannungen des Heiligen Stuhls mit dem italienischen Staat endgültig beseitigt werden. Gemälde im Palazzo Carignano, Turin.

Imaginäres Schachspiel zwischen Papst Pius IX. und dem deutschen Reichskanzler Otto von Bismarck. In den weißen Schachfiguren werden symbolisch die antikirchlichen Kulturkampfgesetze Bismarcks dargestellt, während in den schwarzen Schachfiguren die päpstlichen Entscheidungen (Syllabus, Interdikte, Enzykliken) angedeutet werden. Zeitgenössische Karikatur.

wenn er, seines Amts als Hirt und Lehrer aller Christen waltend, in höchster, apostolischer Amtsgewalt endgültig entscheidet, eine Lehre über Glauben oder Sitten sei von der ganzen Kirche festzuhalten, so besitzt er aufgrund des göttlichen Beistands, der ihm im heiligen Petrus verheißen ist, jene Unfehlbarkeit, mit der der göttliche Erlöser seine Kirche ausgerüstet haben wollte. Diese endgültigen Entscheidungen des römischen Bischofs sind daher aus sich und nicht aufgrund der Zustimmung der Kirche unabänderlich.

Eine Persönlichkeit mit ganz anderer Zukunftsperspektive war sein Nachfolger, Papst Leo XIII. (1878 – 1903). Konzilianz und Dialogfähigkeit verbanden sich in ihm mit dem Sinn für das Mögliche und Realisierbare. Es gelang ihm, auf vielen Gebieten Brücken der Versöhnung zwischen Kirche und der modernen, politischen wie wissenschaftlichen Welt zu schlagen. Wegen seiner vielen Rundschreiben wurde Leo XIII. »Enzyklikenpapst« genannt. Epochemachend waren sein Rundschreiben »Aeterni Patris« vom 4. August 1879, das für die Erneuerung der theologischen Wissenschaft die Lehre des Dominikanertheologen Thomas von Aquin (1225 – 1274) empfahl, vor allem seine Sozialenzyklika »Rerum novarum« vom 15. Mai 1891, die ihm den Ehrentitel »Arbeiterpapst« einbrachte. Seine Weltoffenheit bekundete Papst Leo XIII. auch durch die Öffnung des Vatikanischen Archivs (1883).

Ära der Konkordate

Das Ende des Heiligen Römischen Reiches (1806) und der politische Umbruch im gesamten, europäischen Raum haben die katholische Kirche zu einer regen diplomatischen Tätigkeit herausgefordert. Einerseits sollte der Kontakt mit den Christen in den neu entstandenen Staaten aufrechterhalten, andererseits sollten für das Zusammenwirken von Kir-

Eröffnung des Ersten Vatikanischen Konzils durch Papst Pius IX. am 8. Dezember 1869 in der Peterskirche in Rom. Lithographie von Epinal, Civica raccolta Bertarelli, Castella S'forzesco, Mailand.

che und Staat beiderseits gedeihliche Vereinbarungen in Form von Konkordaten abgeschlossen werden. In der schwierigen Anfangsphase des 19. Jahrhunderts war Kardinal Ercole Consalvi von 1800 bis 1823 treuer und geschickter Staatssekretär, der »ein Meister in der Kunst der Politik war und mit seinem diplomatischen Geschick auch in scheinbar aussichtslosen Situationen noch eine annehmbare Lösung fand« (Burkhart Schneider).

Nicht minder diplomatisch geschickt wirkte unter Papst Pius IX. als Staatssekretär Kardinal Giacomo Antonelli (1848 – 1876), der »als letzter einer lange Reihe den Typ des politischen, mit den Mitteln irdischer Macht operierenden ›Außenministers‹ verkörperte« (Walter Brandmüller). Sein diplomatisches Wirken stand unter der von ihm selbst ausgesprochenen Devise: »Die Vorsehung hat es gefügt, daß der Papst die weltliche Macht zum Heile der Religion und der Kirche besitzt«. Im Kampf um den Kirchenstaat stand Kardinal Antonelli zwei hartnäckigen Herausforderern gegenüber, dem (seit 1852) Ministerpräsidenten des Königreiches Piemont, Graf Camillo Cavour, und dem Freiheitskämpfer Guiseppe Garibaldi.

Die päpstlichen Kontakte mit den neuen Staaten, die vielfach durch Napoleon auf der politischen Karte Europas entstanden waren, haben sich in einer Vielzahl von Konkordaten niedergeschlagen, von denen nur die wichtigsten genannt seien:

1801 Konkordat mit Frankreich
1813 Konkordat (Präliminarartikel) mit Frankreich (in Fontainebleau)
1817 Konkordat mit Bayern
1818 Konkordat mit Piemont – Sardinien
1821 Konvention (Zirkumskriptionsbulle) mit Preußen
1824 Konvention (Zirkuskriptionsbulle) mit Hannover
1851 Konkordat mit Spanien
1855 Konkordat mit Österreich

Konkordat (1801) zwischen Napoleon und Papst Pius VII. Vatikanisches Geheimarchiv, Rom.

1857 Konkordat mit Württemberg
1857 Konkordat mit Portugal
1859 Konkordat mit Baden

Unter den beiden päpstlichen »Außenministern«, den Staatssekretären Kardinal Consalvi und Kardinal Antonelli, konnten zwischen dem Papst und den neu entstandenen Staaten diplomatische Beziehungen aufgenommen und das Zusammenleben von Kirche und Staat durch Länderkonkordate (in denen sehr häufig die Grenzen der Kirchenprovinzen und Bistümer neu festgelegt wurden) geregelt werden.

◁
Papst Leo XIII. (1878 — 1903). Ausschnitt aus einem Gemälde von Francesco Cipolla. Museo di Roma (Piazza San Pantaleo 10), Rom.

Ordensgründungen – Antwort auf die soziale Frage

Was wohl niemand nach dem Tiefschlag der Säkularisation (1803) für möglich gehalten hätte, wurde der Kirche, für die man bereits die Totenglocken läuten wollte, geschenkt. Es setzte ein wahrer Frühling neuer Orden (Kongregationen) ein, der als eines der erstaunlichsten Phänomene des 19. Jahrhunderts anzusehen ist. »Vor dem Zweiten Weltkrieg schloß ein Jahrhundert ab, in welchem allein in Deutschland alle halbe Jahre eine neue Schwesterngenossenschaft gegründet worden ist« (Ludwig Kaufmann).

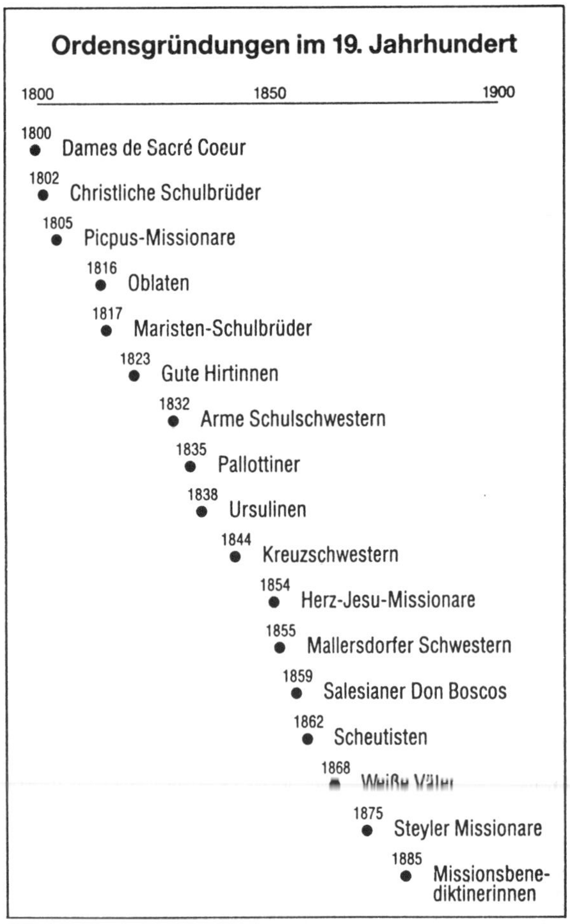

In einzigartigen Sozialwerken (Krankenhäuser, Kinder-, Behinderten- und Altersheime wie Lehrwerkstätten) hat die katholische wie die evangelische Kirche (erinnert sei nur an Friedrich von Bodelschwingh 1877 – 1946, den Gründer der Anstalt Bethel) die Antwort und Hilfe des christlichen Glaubens auf die Not des kleinen Mannes gegeben.

Religiöse Unruhe außerhalb der Kirche

Die unverwechselbare und seltsam erregte Atmosphäre des 19. Jahrhunderts mit seinen politischen, philosophischen und vor allem sozialen Problemen (erste industrielle Revolution!) ist fragmentarisch dargestellt, würde man den Aufbruch moderner Sekten und weltanschaulicher Gemeinschaften nicht nennen, die damals meist außerhalb der Traditionskirchen, nicht selten in Konfrontation mit den etablierten Großkirchen entstanden sind.

Gewiß hat die Kirche im Laufe des 19. Jahrhunderts (nicht selten durch einen Uniformierungsprozeß: Neuscholastik) sich wieder stabilisieren können. Nicht wenige Themen, denen der kleine Mann entgegenfieberte, erhielten aber keine oder keine genügende Antwort. Die meisten im 19. Jahrhundert entstandenen Sekten haben vor allem das heiße Thema der Eschatologie, des nahen Weltuntergangs, in zweifelnde, an den Großkirchen enttäuschte und doch religiös suchende Menschen hineingetragen, wie die nachfolgende Übersicht veranschaulicht.

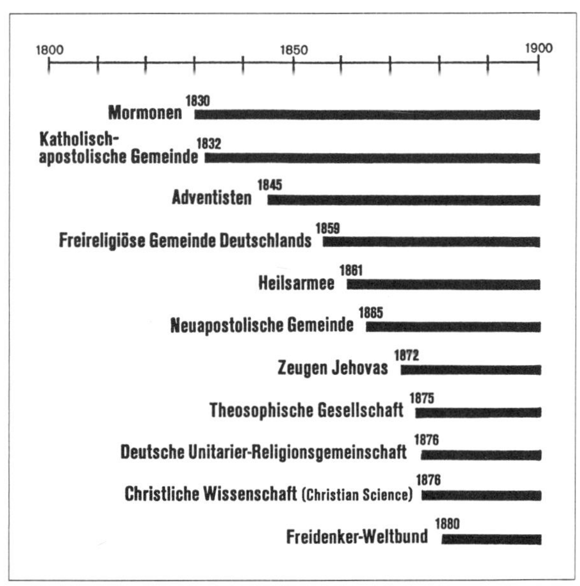

16. Päpste im 20. Jahrhundert

»Seid wachsam, denn ihr wißt nicht den Tag, an dem euer Herr kommt... Haltet euch bereit, denn der Menschensohn kommt zu einer Stunde, da ihr es nicht vermutet« (Mt 24,42.44).

Die dogmatische Lehre des Primats und der Unfehlbarkeit des Papstes, die am 18. Juli 1870 auf dem Ersten Vatikanischen Konzil verkündet wurde, »löste eine Kettenreaktion schöpferischer Kräfte aus, die jene große Revision, jene immer noch weiter ausholende Besinnung in Gang brachte, die die Kirche und das Papsttum fähig machen sollte, aus dem Großgetto heraus eine offene Weltkirche zu bilden, eine offene Katholizität hervorzubringen... Jeder Pontifex ist von seiner Wahl an mit diesem ungeheuren Faktum konfrontiert, der im späten 20. Jahrhundert der Kirche, dem Papsttum, jene spirituellen Dimensionen, mitmenschlichen Räume eröffnet, die bis dahin blockiert waren« (Friedrich Heer).

Inmitten eines weltweiten Demokratisierungsprozesses könnten sich auf die Herausforderungen der Moderne zwei Alternativmodelle der Kirchenführung und des päpstlichen Selbstverständnisses entwickeln, wobei bald moderne Tendenzen aufgegriffen, bald abgelehnt werden: das Modell einer Demokratisierung der Kirche und damit einer Veränderung der kirchlichen Führungs- und Entscheidungsstrukturen wie auch eine Bejahung des theologischen und liturgischen Pluralismus – oder das Modell in Richtung einer erhöhten Autorität, einer römischen Machtzentralisation und damit auch einer theologischen Uniformierung (nicht zuletzt ausgelöst aus Gründen der Selbstverteidigung).

Das große und schwierige Unterfangen der Päpste des 20. Jahrhunderts besteht darin, weder »die Welt« zu kopieren, noch in Überreaktion gegenüber der Welt zu verfallen. Das Papsttum steht vor der immer neu zu bewältigenden Aufgabe, mit der Welt im Gespräch zu bleiben und »seine Rolle als spirituelles Gegengewicht zur weltlichen Gesellschaft« (Patrick Granfield) zu erkennen und zu meistern.

Papstliste

Die katholische Kirche hatte im 20. Jahrhundert Päpste als Petrusnachfolger, die bei aller Unterschiedlichkeit ihrer Herkunft, ihres Selbstverständnisses wie ihrer Theologie in mannigfachen inneren und äußeren Bedrängnissen schwierigste Entscheidungen zu treffen hatten. Sie haben dabei jeweils bedeutsame Orientierungszeichen weit über die Kirche hinaus gesetzt.

Pius X.	1903–1914
Benedikt XV.	1914–1922
Pius XI.	1922–1939

Papst Pius X. (1903–1914). Gemälde von A. von Volieb. Vatikanische Pinakothek, Rom.

Pius XII.	1939–1958
Johannes XXIII.	1958–1963
Paul VI.	1963–1978
Johannes Paul I.	1978
Johannes Paul II.	1978–

Der erste, im 20. Jahrhundert gewählte Papst war Pius X. (1903–1914). Bemerkenswert ist das Veto, das anläßlich des damaligen Konklaves durch den österreichischen Kaiser Franz Joseph (1848–1916) – das letzte Veto in der Papstgeschichte! – eingelegt wurde. Am 2. August 1903 ließ der österreichische Kaiser durch den polnischen Kardinal Puzyna, Erzbischof von Krakau, ein energisches Veto gegen den möglichen Papstkandidaten Kardinal Rampolla einlegen. Obwohl die Abstimmungen der Papstwahlen geheim sind, wurden doch die sich wandelnden Ergebnisse des Konklaves vom 1. (Samstag) bis zum 4. August (Dienstag) 1903 bekannt. Der katholische Kirchenhistoriker Josef Schmidlin (Papstgeschichte der neuesten Zeit. Dritter Band. München 1936, 16–18) hat sie veröffentlicht.

Die Tabelle (Seite 164) nennt die drei aussichtsreichsten Papstkandidaten. Sie macht deutlich, daß zwar das österreichische Veto gegen Kardinal Rampolla zurückgewiesen wurde, daß sich aber trotzdem ein unverkennbarer Umschwung der Stimmenzahl gegen Kardinal Rampolla und für Kardinal Sarto, den späteren Papst Pius X., abzeichnet.

Papst Pius X. (1954 heiliggesprochen durch Papst Pius XII.), ist bekannt geworden durch die Erneuerung der Kirchenmusik (1903) und des Gregorianischen Chorals, durch seine Kommuniondekrete (1905 und 1910), nicht zuletzt durch die Gründung des päpstlichen Bibelinstituts in Rom (1909). Zu seinem Pontifikat gehören aber auch die harten Auseinandersetzungen mit dem Reformkatholizismus und Modernismus, in dem, wie es in der Enzyklika »Pascendi dominici gregis« vom 8. September 1907 hieß, ein »Sammelbecken aller Häresien« gesehen und verurteilt wurde. Josef Schmidlin nannte diese Antimodernismus-Enzyklika eine offene »Kriegserklärung an den modernen Geist«. Oskar Köhler diagnostizierte die Auswirkungen dieser Enzyklika als »Bewußtseinsstörungen im Katholizismus«.

Am 1. September 1910 schrieb Papst Pius X. für alle Seelsorgsgeistlichen (Theologieprofessoren an staatlichen Universitäten wurden dazu nicht verpflichtet) und Weihekandidaten die

▷

Die Sixtinische Kapelle des Vatikans — Stätte der Papstwahl. Die letzte Redaktion des heutigen Papstwahlrechts wurde durch Papst Paul VI. in der Apostolischen Konstitution »Romano Pontifici eligendo« (vom 1. Oktober 1975) vorgenommen und festgelegt in den Kanones 331 — 335 des neuen Kirchlichen Gesetzbuchs (1983).

	Rampolla	*Gotti*	*Sarto*
1. August (Vormittag)	24	17	5
1. August (Nachmittag)	29	16	10
2. August (Vormittag)	29	9	21
2. August (Nachmittag)	30	3	24
3. August (Vormittag)	24	6	27
3. August (Nachmittag)	16	7	35
4. August (Vormittag)	10	2	50

Ablegung eines erweiterten Tridentinischen Glaubensbekenntnisses und des Antimodernisteneides vor. Leider hat sich damals in manchen kirchlichen Gremien ein ungutes Denunziantentum, eine recht unbrüderliche Ketzerschnüffelei und Verdächtigungswelle ausgebreitet.

Zwei Päpste, Benedikt XV. (1914–1922) und Pius XII. (1939–1958), standen unter der Last des Ersten (1914/18) bzw. des Zweiten Weltkrieges (1939/45). Weit über die katholische Kirche hinaus wurde bekannt der gütige und humorvolle Papst Johannes XXIII. (1958–1963), der durch seine unkonventionelle Art manche vatikanische Etikette sprengte. Dieser »Übergangspapst« ist es gewesen, der am 25. Januar 1959 durch die Ankündigung eines Ökumenischen Konzils für eine Weltüberraschung sorgte. Am 11. Oktober 1962 konnte er nach intensivsten Vorbereitungen das 2. Vatikanische Konzil in der Peterskirche in Rom eröffnen. Bezeichnend für sein Leben und sein päpstliches Selbstverständnis sind seine Worte: »Ich bin aus der Armut und den kleinen Verhältnissen von Sotto il Monte hervorgegangen. Ich habe immer versucht, mich nie davon zu entfernen«. Wie weit ist ein solches Papstverständnis entfernt von der Geldgier und Raffsucht so manches Renaissance-Papstes!

Sein Nachfolger, Papst Paul VI. (1963–1978), führte das 2. Vatikanisches Konzil zu einem glücklichen Ende (8. Dezember 1965). Es hat viele Kritik an diesem bisweilen zögernden »Hamlet-Papst« gegeben, nicht zuletzt wegen seiner »Pillen-Enzyklika«, des Rundschreibens »Humanae vitae« vom 25. Juli 1968. Je weiter aber die Geschichte voranschreitet, desto deutlicher zeichnet sich ab seine wahre Größe, seine Konzilianz, seine Sorge, mit der Glaubenstradition der Kirche die Impulse und Herausforderungen des 2. Vatikanischen Konzils zu verbinden.

Aufsehen erregte der überraschende Tod des Luciani-Papstes Johannes Paul I., der am

28. September 1978 nach nur 33 Tagen seines Pontifikats starb. Über den Tod dieses Papstes, der auf Krönung und Inthronisation verzichtet hatte, gab es wirre Indiskretionen und Vermutungen in den weltweiten Massenmedien. Es ist geschichtliche Wahrheit, daß diesen leutseligen und kommunikationsfreudigen Papst wie kaum einen anderen die beklemmende, institutionelle Einsamkeit seines Amtes überfallen hat und daß er, dessen Gesundheit vorher schon nicht die beste war, an einem Herzinfarkt völlig überraschend gestorben ist.
Im Herbst 1978 stürzte die Weltöffentlichkeit von einer Überraschung in die andere, als nämlich aus dem Konklave – der letzte, nichtitalienische Papst war der Niederländer Hadrian VI. (1522–1523) – ein Nichtitaliener, der polnische Kardinal Karol Wojtyla, Erzbischof von Krakau, am 16. Oktober 1978 zum Papst gewählt wurde, der sich in Verehrung seines nur kurz regierenden Vorgängers für den Papstnamen Johannes Paul II. entschied. Ohne Zweifel hat er seinem Pontifikat ein besonderes Gepräge gegeben und zwar nicht nur durch seine vielen Pastoralreisen in alle Welt, die ihm die Bezeichnung »eiliger« Heiliger Vater eingebracht haben.

Papst Benedikt XV. (1914 — 1922). Porträt von Leo Samberger (1861 — 1949).

Überreichung des Kirchlichen Gesetzbuches, Cocex Iuris Canonici (fertiggestellt Pfingsten 1917, am 19. Mai 1918 in Kraft gesetzt) an Papst Benedikt XV.

Seite 166 Papst Johannes XXIII. (1958 —1963).
Seite 167 Papst Paul VI. (1963 — 1978).

Papst Johannes Paul I. (1978).
Am 26. August wurde Kardinal Albino Luciani, der Patriarch von Venedig, zum Papst gewählt. Er nahm — in Verehrung der Vorgängerpäpste Johannes XXIII. und Paul VI. — den Doppelnamen Johannes Paul I. an. Das römische Abendblatt »Vita« schrieb über ihn: »Viel Johannes und wenig Paul«. Kennzeichnend für seine Persönlichkeit, seine Frömmigkeit und sein Seelsorgskonzept sind die Worte, die er in seinem Buch »Illustrissimi« geschrieben hat: »Wichtig ist nicht, daß einer über Christus schreibt, sondern daß viele Christus lieben und ihm nachfolgen«. Es ist erstaunlich, wie dieser Papst, der nur 33 Tage regierte, die Welt für sich begeistern und mit großen Zukunftshoffnungen erfüllen konnte.

Die Friedensmission der Päpste

In einem Jahrhundert, das zwei blutige Weltkriege erlebte und in dem ohne Kriegserklärung an vielen Stellen der Erde »der kalte Krieg« geführt wird, haben die Päpste es als ihre exemplarische Aufgabe betrachtet, immer wieder Mahner und Vermittler des Friedens zu sein. Mit unermüdlicher Eindringlichkeit hat Papst Benedikt XV. (1914–1922) während des Ersten Weltkriegs die kriegführenden Nationen beschworen, die Waffen niederzulegen und Verhandlungen über einen dauerhaften Frieden aufzunehmen. Erinnert sei an die päpstliche Friedensnote an alle kriegführenden Staaten vom 1. August 1917! Botschafter der päpstlichen Friedensmission in Deutschland war damals (seit dem 3. April 1917 in München) Nuntius Eugenio Pacelli, der spätere Papst Pius XII.

Papst Pius XII. (1939–1958) schlug bereits im Mai 1939 eine Friedenskonferenz der fünf europäischen Mächte Frankreich, Deutschland, England, Italien und Polen vor. Noch am 24. August 1939 richtet er von Castel Gandolfo aus in einer Rundfunkansprache seinen Friedensappell an alle Welt mit den historisch gewordenen Sätzen: »Reiche, die nicht auf Gerechtigkeit gegründet sind, werden von Gott nicht gesegnet... Nichts ist verloren mit einem Frieden, aber alles kann es sein mit einem Krieg«.

Leidenschaftliche, aber vergebliche Friedensappelle richtet Papst Pius XII. noch wenige Stunden vor Ausbruch des Zweiten Weltkriegs am 31. August 1939 an die Regierungen von England, Deutschland, Frankreich, Italien und Polen. Man sollte jedoch eine solche Friedensaktion nicht überschätzen, denn der Vatikan sitzt dabei stets an dem schwächeren Hebel. Der historische Friedensappell des Papstes Pius XII., der das Motto »Opus justitiae pax« (Der Friede ist das Werk der Gerechtigkeit) zu seinem päpstlichen Leitspruch erhoben hatte, vom 31. August 1939 (veröffentlicht in dem päpstlichen Amtsblatt

Acta Apostolicae Sedis 1939, Tomus XXXI, Seite 335 f.) hat folgenden Wortlaut:

Der Heilige Vater will die Hoffnung nicht aufgeben, daß die gegenwärtigen Unterhandlungen zu einer gerechten und friedlichen Lösung führen, wie sie von der ganzen Welt unaufhörlich erfleht wird.

Seine Heiligkeit beschwört daher im Namen Gottes die Regierungen Deutschlands und Polens, ihr mögliches zu tun, damit sie jeden Zwischenfall vermeiden und sich jeder Maßnahme enthalten, welche die bestehende Spannung noch erhöht. Sie bittet die Regierungen von England, Frankreich und Italien, dieses Anliegen zu unterstützen.

Unvergessen sind die Worte, die Papst Pius XII. in einer Predigt am 1. März 1948 ausgesprochen hat: »Das Reich Christi kennt nicht Sieger und Besiegte, sondern nur Hilfsbedüftige und Hilfsbereite«. Vgl. dazu die authentische Darstellung »Die Tiara eine Dornenkrone. Der Zweite Weltkrieg« der langjährigen Haushälterin des Papstes, Schwester Pascalina Lehnert, in ihrem Buch »Ich durfte ihm dienen« (Würzburg 1982, 114–144)!

Am 4. Oktober 1965 (noch vor Abschluß des 2. Vatikanischen Konzils) hat Papst Paul VI. (1963–1978) vor der Vollversammlung der Vereinten Nationen in New York einen Friedensaufruf verkündet, der an Klarheit nicht zu wünschen übrig läßt, aber leider selbst bei vielen Christen kaum bekannt geworden ist. Auszug aus der Rede des Papstes:

Diese Begegnung – Sie sind sich dessen voll bewußt – hat einen doppelten Charakter: Sie ist zugleich von Einfachheit und Größe geprägt. Von Einfachheit, denn der, der zu Ihnen spricht, ist ein Mensch wie Sie. Er ist Ihr Bruder und sogar einer der kleinsten unter Ihnen, die Sie souveräne Staaten vertreten, da er – wenn Sie Uns unter diesem Gesichtspunkt betrachten wollen – nur mit einer winzigen und fast symbolischen zeitlichen Macht ausgestattet ist, gerade das nötige Minimum, um seine geistliche Mission frei auszuüben und jene, die mit ihm verhandeln, versichern zu können, daß er von jeglicher Souveränität dieser Welt frei ist. Er hat keine weltliche Macht, keinerlei Ehrgeiz, mit Ihnen in Wettstreit zu treten. Wir haben denn auch nichts zu verlangen, keine Frage aufzuwerfen, sondern lediglich einen Wunsch zu äußern, eine Erlaubnis zu erbitten: die Erlaubnis, Ihnen in dem, was in Unseren Zuständigkeitsbereich fällt, uneigennützig, bescheiden und in Liebe dienen zu können…

Ist nicht die Organisation der Vereinten Nationen gerade aus dieser Zielsetzung entstanden: gegen den Krieg und für den Frieden?…

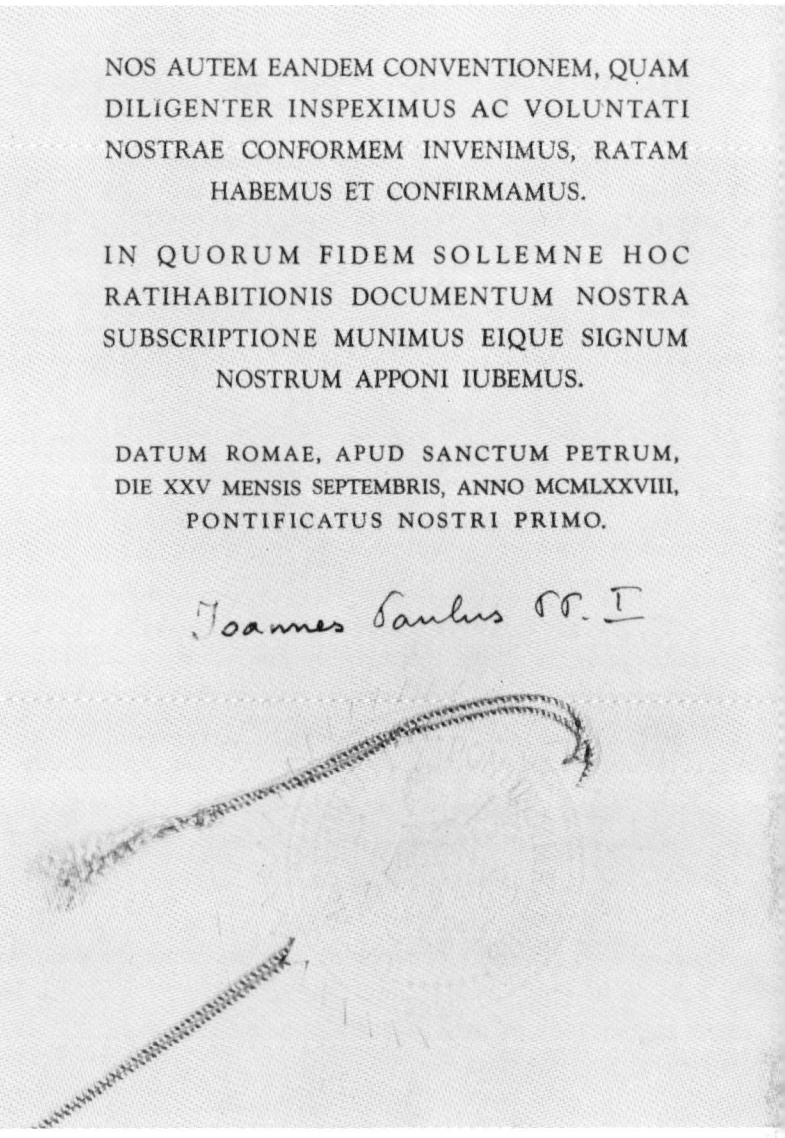
NOS AUTEM EANDEM CONVENTIONEM, QUAM DILIGENTER INSPEXIMUS AC VOLUNTATI NOSTRAE CONFORMEM INVENIMUS, RATAM HABEMUS ET CONFIRMAMUS.

IN QUORUM FIDEM SOLLEMNE HOC RATIHABITIONIS DOCUMENTUM NOSTRA SUBSCRIPTIONE MUNIMUS EIQUE SIGNUM NOSTRUM APPONI IUBEMUS.

DATUM ROMAE, APUD SANCTUM PETRUM, DIE XXV MENSIS SEPTEMBRIS, ANNO MCMLXXVIII, PONTIFICATUS NOSTRI PRIMO.

Ioannes Paulus PP. I

Vertrag zwischen dem Heiligen Stuhl und dem Freistaat Bayern zur Änderung des Bayerischen Konkordats vom 29. März 1924. Die Ratifikationsurkunde (mit dem Papiersiegel des Papstes auf gelb-weißer Seidenschnur) wurde von Papst Johannes Paul I. in Rom am 25. September 1978 unterzeichnet — eine der wenigen Unterschriften dieses Papstes auf deutschen Urkunden.

Es bedarf keiner weiteren Worte, um die erhabene Zielsetzung Ihrer Organisation zu verkünden. Man muß nur daran erinnern, daß das Blut von Millionen Menschen, daß unerhörte und unzählige Leiden, daß unnütze Massaker und schreckliche Ruinen den Pakt, der Sie eint, heiligen muß, in einem Eid, der die zukünftige Geschichte verändert: Niemals Krieg, niemals mehr Krieg! Der Friede, der Friede muß das Geschick der Völker und der ganzen Menschheit leiten! ... Die Gefahr kommt weder vom Fortschritt noch von der Wissenschaft, die, wenn sie gut eingesetzt werden, im Gegenteil eine große Zahl schwerer Probleme lösen, die die Menschheit bedrängen. Die wahre Gefahr lauert im Menschen, der über immer mächtigere Instrumente verfügt, die sowohl den Ruin wie die höchsten Errungenschaften ermöglichen.

Papst Pius XII. (1939 — 1958). Detail einer Bronzestatue (1964) von Francesco Messina in der Peterskirche in Rom.

Auseinandersetzungen mit totalitären Mächten

Der Weg der Kirche im 20. Jahrhundert wurde in jenen Ländern vielfach zu einem blutigen Kreuzweg, in denen wie in Rußland (seit 1917) oder auch in Deutschland (1933–1945), zeitweise auch in Mexiko unter der Regierung des Präsidenten Calles wie auch in Spanien während des Bürgerkriegs, totalitäre Weltanschauungen an die Macht kamen. Die russische Revolution, inspiriert von Wladimir Iljitsch Uljanow, genannt Lenin (1870–1924), hatte von Anfang an auf die roten Fahnen des Umsturzes die völlige Ausrottung der Religion geschrieben. Bemerkenswert ist die Einsicht, daß Christenverfolgungen die Kirche meist stärker und innerlich gefestigter machen, wie dies aus einem Satz ersichtlich ist, der dem 13. Punkt des für ganz Rußland maßgebenden Kommunistischen Programms vom Jahr 1919 hinzugefügt wurde:

Dabei ist jede Verletzung der religiösen Gefühle der Gläubigen sorgfältig zu vermeiden, da sie lediglich zur Festigung des religiösen Fanatismus dient.

Schreckliche, geradezu dämonische Ausmaße nahm die Verfolgung aller Andersdenkenden, Mißliebigen und Unbequemen im sogenannten »Dritten Reich« unter Adolf Hitler (1889–1945, seit dem 30. Januar 1933 deutscher Reichskanzler) an. Heuchlerisch und bewußt irreführend waren die Äußerungen, die Adolf Hitler als Reichkanzler am 23. März 1933 in seiner Regierungserklärung vor dem deutschen Reichstag vortrug:

... Die nationale Regierung sieht in den beiden Konfessionen wichtige Faktoren zur Erhaltung unseres Volkstums. Sie wird die zwischen ihnen und den Ländern abgeschlossenen Verträge respektieren, ihre Rechte sollen nicht angetastet werden.

Es wurde an Papst Pius XII. heftige Kritik geübt, weil er nicht entschieden genug gegen die autoritären Mächte (Stalin, Hitler) aufgetreten sei, mit Hitler am 20. Juli 1933 sogar das

◁ *Papst Johannes Paul II. im Gebet vor dem Gnadenbild der Schwarzen Madonna im polnischen Nationalheiligtum Jasna Gora (1983).*

Stalin, Lenin und Kalinin. Foto, März 1919.

Unterzeichnung des Reichskonkordats am 20. Juli 1933 in Rom. Das historische Foto zeigt (von links) Prälat Ludwig Kaas, Vizekanzler Franz von Papen, Unterstaatssekretär Msgr. Guiseppe Pizzardo, Kardinal-Staatssekretär Eugenio Pacelli (der spätere Papst Pius XII.), Substitut und Sekretär der Chiffren im Päpstlichen Staatssekretariat Msgr. Alfredo Ottaviani, Ministerialdirektor und Leiter der kulturpolitischen Abteilung im Reichsministerium des Innern Rudolf Buttmann, Minutant Msgr. Giovanni Montini (der spätere Papst Paul VI.) und Botschaftsrat an der deutschen Vatikanbotschaft Dr. Eugen Klee (in Vertretung des deutschen Botschafters beim Heiligen Stuhl, Diego von Bergen, nach dessen Urlaubsantritt am 15. Juli 1933).

Reichskonkordat abgeschlossen habe und ihn dadurch in der politischen Welt hoffähig gemacht habe. Dem gleichen Papst wurde vorgeworfen, er habe gegenüber den Greueln in Konzentrationslagern wie auch gegenüber den Judenpogromen geschwiegen, wo er laut und deutlich hätte reden müssen. Für die Beantwortung dieser Fragen sei hingewiesen auf mein dokumentarisches Werk »Kirche und Nationalsozialismus in Deutschland und Österreich« (Aschaffenburg 1980).

Hinsichtlich des Reichskonkordats sei lediglich aufmerksam gemacht, daß bereits seit Herbst 1919 Verhandlungen in Gang gesetzt wurden, um die Beziehungn zwischen dem Deutschen Reich und der katholischen Kirche zu regeln, die am 20. Juli 1933 zur Unterzeichnung des Reichskonkordats durch Kardinalstaatssekretär Eugenio Pacelli und Vizekanzler Franz von Papen in Rom führten. Ludwig Volk hat auf Grund langjähriger Aktenstudien über das Reichskonkordat geschrieben: »Wenn Hitler sich im Sommer 1933 in dem Erfolg sonnte, als Konkordatspartner des Hl. Stuhles nun den Status internationaler Vertragswürdigkeit erklommen zu haben, so hatte er diesen für ihn erfreulichen Effekt – und niemand wußte das besser als er – eingehandelt gegen eine langfristige Hypothek. Denn vom Tage der deutschen Unterschrift an lief unter den Augen einer nicht unkritischen Weltöffentlichkeit das Experiment der Erprobung von Hitlers Vertragstreue, einer druckempfindlichen unterirdischen Bombe vergleichbar, die, durch ein Zuviel an wachsendem Konkordatsschutt zur Detonation gebracht, die Fassade von Hitlers Vertragswürdigkeit demolieren konnte.«

Nicht vergessen sollte man die Enzykliken des Papstes Pius XI. (1922–1939) »Mit brennender Sorge« gegen den Nationalsozialismus bereits vom 14. März 1937 und »Divini Redemptoris« wenige Tage später (vom 19. März

◁ *Hitler und Mussolini – Propagandaplakat für die faschistisch-nationalsozialistische Freundschaft und Waffenbrüderschaft.*

1937), in der es heißt: »Ein mächtiges Hilfsmittel zu Verbreitung des Kommunismus ist ein wahres Komplott des Schweigens bei einem Großteil der nicht-katholischen Weltpresse«.

Hinsichtlich der Judenverfolgungen hat der deutsche Schriftsteller Rolf Hochhuth in seinem Tendenzstück »Der Stellvertreter« (uraufgeführt in Berlin am 17. Februar 1963) Papst Pius XII. den massiven Vorwurf gemacht, er sei durch Schweigen schuldig geworden. Dazu sei hier zunächst angeführt das Dankwort, das Moshe Sharett, der spätere zweite Ministerpräsident des Staates Israel, bereits am 22. April 1945 an Papst Pius XII. gerichtet hat:

Ich sagte ihm, meine erste Pflicht sei es, ihm und durch ihn der katholischen Kirche im Namen der jüdischen Öffentlichkeit für all das zu danken, was die Kirche in den verschiedenen Ländern getan habe, um Juden zu helfen und Kinder und Juden im allgemeinen zu retten... Wir sind der katholischen Kirche tief dankbar für das, was sie in jenen Ländern getan hat, um zu helfen, daß unsere Brüder gerettet werden konnten.

Erwähnenswert ist auch der Nachruf, den der Großrabbiner der Stadt Rom, Elio Toaff, nach dem Tod des Papstes Pius XII. († 9. Oktober 1958) geschrieben hat:

...mehr als jeder andere haben wir Gelegenheit gehabt, die große mitfühlende Güte und Hochherzigkeit des Papstes während der Unglücksjahre der Verfolgung und des Terrors zu erfahren, als es schien, daß es für uns keinen Ausweg mehr geben würde.

Das 2. Vatikanische Konzil (1962/65)

Nachdem bereits Papst Pius XII. (1939–1958) ein allgemeines Konzil geplant hatte (die Vorbereitungen wurden im Januar 1951 abgebrochen), berief Papst Johannes XXIII. zum 11. Oktober 1962 das 2. Vatikanische Konzil nach Rom ein.

Ablauf des 2. Vatikanischen Konzils:

1. Sitzungsperiode (11. Oktober – 8. Dezember 1962)
2. Sitzungsperiode (29. September – 4. Dezember 1963)
3. Sitzungsperiode (14. September – 21. November 1964)
4. Sitzungsperiode (14. September – 8. Dezember 1965).

Das Konzil – es war das am stärksten besuchte Konzil der gesamten christlichen Glaubensgeschichte (etwa 2400 Bischöfe, aber auch Beobachter nichtkatholischer christlicher Kirchen nahmen daran teil) – hat eine immense, theologisch und zeitkritisch tiefschürfende Arbeitsleistung vollbracht, die in 16 umfangreichen Konzilsdokumenten (4 Konstitutionen, 9 Dekrete, 3 Erklärungen) ihren Niederschlag gefunden hat. Papst Paul VI. konnte zum Abschluß des Konzils am 8. Dezember 1965 mit Recht sagen: »Die Kirche hat viele Jahre daran gearbeitet, ihr Gesicht zu verjüngen, um besser auf die Absicht ihres Gründers, des großen Lebenden, des ewig jungen Christus, antworten zu können«.

In seiner Auslegung und Verwirklichung hat das 2. Vatikanische Konzil unterschiedliche Resonanz erfahren. »Wir stehen bei der Umsetzung der Ergebnisse des Zweiten Vatikanischen Konzils in das konkrete Leben der Kirche erst am Anfang«, urteilt Kardinal Franz König, Erzbischof von Wien. Von nachkonziliaren Irritationen und Irritierten spricht der Münchener Dogmatiker Leo Scheffczyk. Der katholische Kirchenhistoriker Joseph Lortz sah sich bereits 1974 zu der Aussage genötigt: »So bedrohlich wie heute war die Lage der Kirche noch nie«. Man sollte sich aber auch der Frage stellen: Wie sähen Kirche, religiöses Leben und Pfarrgemeinden aus, wenn es das 2. Vatikanische Konzil nicht gegeben hätte?

Nicht wenige Spannungen zwischen Lehramt und wissenschaftlicher Theologie sind in der Nachkonzilszeit aufgebrochen. Wird mit (aus dem Kontext herausgerissenen) Worten des Konzils am Geist des Konzils vorbeigedacht und vorbeigelebt? Es kommt dem gegenwärtigen Papst Johannes Paul II. und

▷
Die Peterskirche in Rom – Aula des 2. Vatikanischen Konzils (1962/65).

VNA FIDES

den von ihm wiederholt einberufenen Bischofssynoden die schwere und verantwortungsvolle Aufgabe zu, im Wandel der Zeit und im Horizont eines legitimen theologischen Pluralismus die Kontinuität und Identität des Glaubens zu bewahren, zu vertiefen und weiterzubuchstabieren.

Die ökumenische Unruhe

Die Geschichte der Kirche ist seit Jahrhunderten eine Geschichte der Kirchen. Die christlichen Kirchen lebten allzu lange Zeit in Distanz zueinander. Vom 19. Jahrhundert an, verstärkt jedoch im 20. Jahrhundert, sind die christlichen Kirchen aneinander unruhig geworden. Sie nehmen einander ernst, sprechen miteinander, beten füreinander und leiden unter der gemeinsamen Sorge für die Verwirklichung des Gebetes Jesu: »... laß sie in uns eins sein, damit die Welt glaube, daß du mich gesandt hast« (Joh 17,21).

Ein Markstein in der Geschichte der ökumenischen Bewegung ist die am 27. August 1948 erfolgte Konstitution des »Ökumenischen Rates der Kirchen« (meist »Weltrat der Kirchen« bzw. »Weltkirchenrat« genannt) in Amsterdam. Auch das 2. Vatikanische Konzil hat, nicht zuletzt durch das Dekret über den Ökumenismus (vom 20. November 1965), seine Bereitschaft wie auch die realistischen Möglichkeiten für den ökumenischen Dialog signalisiert. Ein weltweit begrüßtes Zeichen der ökumenischen Begegnung setzte Papst Paul VI., als er am 6. Januar 1964 mit Athenagoras I., dem ökumenischen Patriarchen von Konstantinopel, in Jerusalem den versöhnenden Bruderkuß tauschte. Am 7. Dezember 1965, dem vorletzten Tag des 2. Vatikanischen Konzils, wurden die (seit 1054) gegenseitigen Exkommunikationen zwischen Rom und der Ostkirche aufgehoben.

Keine christliche Kirche kann sich heute der ökumenischen Unruhe und Verantwortung entziehen – ohne unglaubwürdig zu werden. »Der Wille Christi und die Zeichen der Zeit drängen uns zu einem gemeinsamen Zeugnis in wachsender Fülle der Wahrheit und Liebe« (Papst Johannes Paul II.).

Kirche in der Dritten Welt

Wenn zur Zeit der Geburt Jesu etwa 250 Millionen Menschen auf der Erde lebten und beim Ausbruch des Dreißigjährigen Krieges (1618) etwa 500 Millionen, dann hat es 1600 Jahre gedauert, bis sich die Erdbevölkerung verdoppelte.

Da um die Mitte des 20. Jahrhunderts die Wachstumsrate mindestens 2,1 Prozent beträgt, wächst gegenwärtig die Erdbevölkerung täglich um 180000 Menschen oder jährlich um rund 70 Millionen. Es wird auf Grund dieser »Bevölkerungsexplosion« nur knapp 40 Jahre dauern, bis die um das Jahr 1960 3 Milliarden umfassende Zahl der Erdbewohner auf das Doppelte, also auf über 6 Milliarden im Jahr 2000 angestiegen ist.

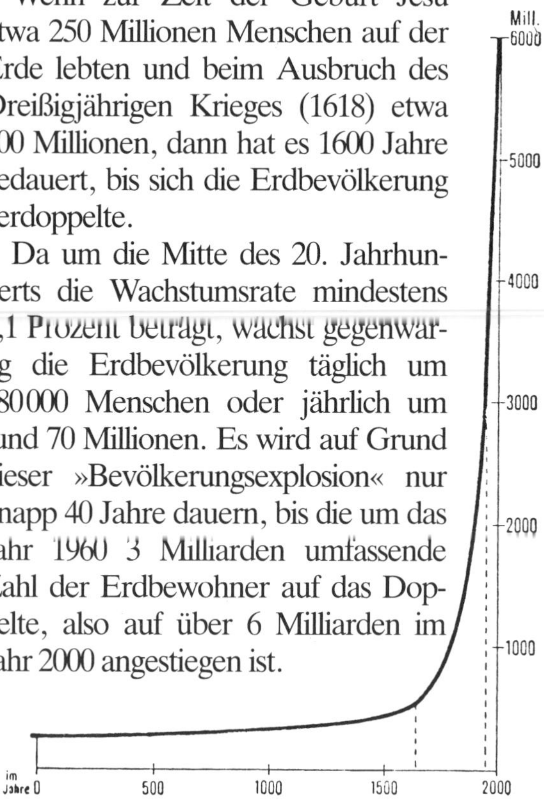

Allein in Afrika wird sich nach den Berechnungen des UN-Bevölkerungsfonds (UNFPA) die Bevölkerung bis zum Jahr 2000 verdoppelt haben. Die Einwohner vieler Entwicklungsländer werden sich aus eigener Produktion nicht ernähren können. Die Probleme, die im Umfeld der Bevölkerungsexplosion entstehen, lassen sich allein mit wirtschaftliche Hilfen nicht bewältigen (Arbeitsmarkt, Umwelt, Ernährung, Binnenwanderung, Verstädterung). Es genügt auch nicht, die Christenheit nur zu caritativen Aktionen (Misereor, Brot für die Welt) aufzurufen. Die Bevölkerungsexplosion ist die große Herausforderung der Kirche, ihrer Theologie, ihrer Sorge für die rasche und gediegene Anhebung des Bildungs- und Verantwortungsniveaus. Bleibt sie (vor allem bei der Anfrage der Familienplanung) ohne Antwort, wird sie weiterhin an Glaubwürdigkeit einbüßen und im dritten, nachchristlichen Jahrtausend im Abseits stehen. Der Geburtenüberschuß der nichtchristlichen, afro-asiatischen Völker wird es mit sich bringen, daß es innerhalb der Religionen beachtliche Verschiebungen geben wird.

Ein von vielen Christen noch nicht registrierter Vorgang von unabsehbarer Tragweite hat bereits begonnen und ist nicht mehr aufzuhalten. In der Zusammensetzung der kirchlichen Führungs- und Entscheidungsgremien, in der Aktivität der Laien und der kirchlichen Basis, in der Neuformulierung der Dogmen und der kirchlichen Katechese, in gewandelten Formen der Liturgie, in allen Bereichen der wissenschaftlichen Theologie wie der Seelsorge wird dieser bereits in Gang befindliche Prozeß tiefgreifende Konsequenzen haben.
Die Kirche kann es sich nicht leisten, Schlußlicht jener Institutionen zu sein, die Zukunftsperspektiven aufzeigen und in Angriff nehmen. Die Gegenwart ist weltweit gekennzeichnet durch den Widerspruch zwischen der Erfüllung uralter Menschheitsträume durch die Technik und der gerade dadurch provozierten und wachsenden Zukunftsskepsis. Es wächst die »Dritte Konfession« der Kirchenfernen, der Gleichgültigen, der Ungläubigen. Es ist entschieden der Blick auf das Kommende zu öffnen, d.h. auf das, was durch Gott kommt und sein wird. Es gilt in der Gegenwart und noch mehr in der Zukunft, den fundamentalen Satz der gesamten Heilsgeschichte aufzugreifen und immer umfassender zu realisieren: »Und das Wort ist Fleisch geworden und hat unter uns gewohnt« (Joh 1,14).

Grab des »Apostels der Sahara«, Charles de Foucauld (1858 – 1916) in der Nähe von Tamanrasset. Er, der bei seinem Tod (erschossen am 1. Dezember 1916 durch Tuaregs) keinen einzigen Anhänger hatte, wirkt weiter in vielen Christen unserer Zeit. Charles de Foucauld lebte die Umkehr zur Einfachheit vor und zur entschiedenen Nachfolge Jesu »auf dem letzten Platz« in Betlehem, Nazaret und Kalvaria. »Ich bin in die Wüste gekommen, um zu beten . . . Das Gebet läuft Gefahr, zum Selbstbetrug zu werden, ohne den Einsatz in der Gemeinschaft der Menschen«. Betend, leidend und sterbend Platz zu schaffen für Christus und sein Reich — war Motto seines Lebens und Sterbens.

Alphabetische Liste der Päpste